Meister Eckhart | Vom Seelengrund

Meister Eckhart
Vom Seelengrund

Eine Auswahl aus den deutschen Predigten

Herausgegeben mit einem Nachwort und
Anmerkungen von Johann Kreuzer

Reclam

RECLAMS UNIVERSAL-BIBLIOTHEK Nr. 14282
2023 Philipp Reclam jun. Verlag GmbH,
Siemensstraße 32, 71254 Ditzingen
info@reclam.de
Gestaltung: Cornelia Feyll, Friedrich Forssman
Druck und Bindung: Elanders Waiblingen GmbH,
Anton-Schmidt-Straße 15, 71332 Waiblingen
Printed in Germany 2026
RECLAM, UNIVERSAL-BIBLIOTHEK und
RECLAMS UNIVERSAL-BIBLIOTHEK sind eingetragene Marken der Philipp Reclam jun. GmbH & Co. KG, Stuttgart
ISBN 978-3-15-014282-0
reclam.de

Predigten

Predigt 9

Quasi stella matutina in medio nebulae et quasi luna plena in diebus suis lucet et quasi sol refulgens, sic iste refulsit in templo dei. – Wie der Morgenstern zwischen den Wolken und wie der Vollmond in seinen Tagen leuchtet und wie die strahlende Sonne, so leuchtet dieser im Tempel Gottes. [Sir 50,6]

»Wie der Morgenstern mitten im Nebel und wie der volle Mond in seinen Tagen und wie die (entgegen)strahlende Sonne, so hat dieser gestrahlt im Tempel Gottes.«

Nun halte ich mich an das letzte Wort: »Tempel Gottes«. Was ist »Gott«, und was ist »Tempel Gottes«?

Vierundzwanzig Meister kamen zusammen und wollten darüber sprechen, was Gott sei. Sie kamen zur festgelegten Zeit, und ein jeder brachte seinen Ausspruch vor, von welchen ich nun zwei oder drei auswähle. Der eine sprach: »Gott ist etwas, im Vergleich zu dem alle veränderlichen und zeitlichen Dinge nichts sind, und alles, was Sein hat, das ist vor ihm geringfügig.« Der zweite sprach: »Gott ist etwas, das da notwendig über dem Sein ist, das in sich selbst niemandes bedarf, dessen aber alle Dinge bedürfen.« Der dritte sprach: »Gott ist eine Vernünftigkeit, die da einzig durch die Erkenntnis ihrer selbst lebt.«

Ich lasse das erste und das letzte beiseite und spreche von dem zweiten, wonach Gott etwas ist, das notwendig über dem Sein stehen muß. Was Sein hat, Zeit oder Statt, das reicht nicht an Gott heran, er ist darüber. Gott ist in allen Kreaturen, insofern sie Sein haben, und er ist dennoch darüber. Dasselbe, was er in allen Kreaturen ist, das ist er dennoch auch darüber; was da in vielen Dingen eines ist, das muß notwendig über den Dingen sein. Manche Meister hielten dafür, daß die Seele nur im Herzen sei. Dies ist nicht so, und diesbezüglich haben große Meister geirrt. Die Seele ist ganz und vollständig im Fuß und vollständig im Auge und in einem jeden Glied. Nehme ich einen Abschnitt der Zeit, so ist dies weder der Tag heute noch der Tag gestern. Nehme ich aber das Nun, so begreift dies in sich alle Zeit. Das Nun, in dem Gott die Welt erschuf, das ist dieser jetzigen Zeit ebenso nahe wie das Nun, in dem ich eben jetzt spreche, und der Jüngste Tag ist diesem Nun ebenso nahe wie der Tag, der gestern war.

Ein Meister spricht: »Gott ist etwas, das da wirkt in Ewigkeit ungeteilt in sich selbst, das niemandes Hilfe noch eines Werkzeugs bedarf und in ihm selbst bestehen bleibt; das nichts bedarf, dessen aber alle Dinge bedürfen und zu dem alle Dinge hinstreben als zu ihrem letzten Ziel.« Dieses Ziel hat keinerlei Weise, es entwächst der Weise und geht in die Breite. Sankt Bernhard spricht: »Gott zu lieben, das ist Weise ohne Weise.« Ein Arzt, der einen Kranken gesund machen will, der hat keine [festgesetzte] Weise der Gesundheit, wie gesund er den Kranken machen wolle. Er hat wohl eine Weise, wodurch er ihn gesund machen wolle, aber wie gesund er ihn machen wolle, das ist ohne Weise: so gesund, wie auch immer er es vermag. Wie lieb wir Gott haben sollen, dies untersteht keinerlei Weise; so lieb, wie immer wir es vermögen: dies ist ohne Weise.

Ein jedes Ding wirkt dem Sein [*wesene*] entsprechend, kein Ding vermag über sein Sein hinaus zu wirken. Das Feuer vermag nicht außerhalb des Holzes zu wirken. Gott wirkt über das Sein hinaus in die Weite, wo immer er sich zu regen vermag: er wirkt im Nichtsein. Ehe es noch Sein gab, da wirkte Gott. Er bewirkte Sein, als es noch kein Sein gab. Grobsinnige Meister sprechen, Gott sei ein lauteres Sein. Er steht so hoch über dem Sein, wie der höchste Engel über einer Mücke ist! Ich sagte also Unrichtiges, wenn ich Gott ein Sein nennen wie wenn ich die Sonne bleich oder schwarz nennen würde. Gott ist weder dies noch das. Und ein Meister spricht, wer da meine, daß er Gott erkannt habe, würde er [denn] auch etwas erkennen, so erkennte er nicht Gott. Wenn ich jedoch gesagt habe, Gott sei kein Sein, er sei vielmehr über dem Sein, dann habe ich ihm Sein damit nicht abgesprochen, vielmehr: Ich habe es ihm erhöht. Nehme ich Kupfer im Golde wahr, so ist es da, und es ist da in einer höheren Weise, als es in sich selbst ist. Sankt Augustinus spricht: »Gott ist weise ohne Weisheit, gut ohne Gutheit, gewaltig ohne Gewaltigkeit.«

Kleine Meister lehren in der Schule, daß alle Wesen in zehn Seinsweisen eingeteilt seien, und diese sprechen sie sämtlich Gott ab. Keine dieser Seinsweisen berührt Gott, er ermangelt aber auch keiner von ihnen. Die erste, die am meisten an Sein besitzt, von der empfangen alle Dinge ihr Sein, das ist die Substanz; und die letzte, die am wenigsten an Sein enthält, die wird Relation genannt. Und diese ist in Gott dem Allergrößten, dem, welches am meisten Sein besitzt, gleich; sie [alle] haben das gleiche (Ur-)Bild in Gott. In Gott sind die (Ur-)Bilder aller Dinge gleich; aber sie sind ungleicher Dinge (Ur-)Bilder. Der höchste Engel und die Seele und die Mücke haben ein gleiches (Ur-)Bild in Gott. Gott ist weder Gutheit noch Sein. Gutheit haftet am Sein und ist nicht breiter als Sein; denn gäbe es kein Sein, so gäbe es keine Gutheit, und Sein ist noch lauterer als Gutheit. Gott ist weder gut noch besser, noch allerbest. Wer da sagte, daß Gott gut sei, der täte ihm ebenso unrecht, wie wenn er die Sonne schwarz nennen würde.

Nun spricht jedoch Gott selbst: »Niemand ist gut außer Gott allein.« [Mk 10,18] Was ist gut? Das ist gut, was sich mitteilt. Den nennen wir einen guten Menschen, der gemeinschaftlich und nützlich ist. Darum sagt ein heidnischer Meister: »Ein Einsiedler ist weder gut noch böse in diesem Sinne, denn er ist weder gemeinschaftlich noch nutzbringend.« Gott ist das Allermitteilsamste. Kein Ding teilt aus dem Eigenen mit, denn alle Kreaturen sind aus sich selbst nichts. Was sie mitteilen, das haben sie von einem anderen. Sie geben auch nicht sich selbst. Die Sonne gibt ihren Schein und bleibt dennoch da stehen, das Feuer gibt seine Hitze und bleibt dennoch Feuer. Gott aber teilt das Seine mit, weil er aus sich selbst ist, was er ist, und in allen Gaben, die er gibt, da gibt er zuerst sich selbst. Er gibt sich als Gott, wie er ist in allen seinen Gaben, soweit es dem zukommt, der ihn empfangen möchte. Sankt Jakobus spricht: »Alle guten Gaben sind von oben herabfließend vom Vater der Lichter.« [Jak 1,17]

Wenn wir Gott im Sein erfassen, so erfassen wir ihn in seinem Vorhof, denn das Sein ist sein Vorhof, in dem er wohnt. Wo ist er denn in seinem Tempel, in dem er heilig erscheint? Vernünftigkeit ist der Tempel Gottes. Nirgends wohnt Gott eigentlicher als in seinem Tempel, in der Vernünftigkeit, wie jener andere Meister sprach, Gott sei eine Vernünftigkeit, die da einzig lebt in der Erkenntnis ihrer selbst, allein in sich selbst verbleibend, wo ihn nie etwas berührt hat, denn er allein ist da in seiner Stillheit. Gott in der Erkenntnis seiner selbst erkennt sich selbst in sich selbst.

Nun nehmen wir es [das Erkennen] in der Seele, die ein Tröpflein Vernünftigkeit besitzt, ein Fünklein, einen Zweig. Sie [die Seele] hat Kräfte, die da im Leibe wirken. Eine Kraft gibt es, durch die der Mensch verdaut, diese wirkt mehr in der Nacht als am Tag; ihretwegen nimmt der Mensch zu und wächst er. Die Seele hat weiter eine Kraft in dem Auge, wodurch das Auge so empfindlich und so fein ist, daß es die Dinge nicht in der Grobheit erfaßt, wie sie in sich selbst sind; sie müssen zuvor gesiebt und verfeinert werden in der Luft und im Lichte. Dies kommt davon, weil es [das Auge] die Seele bei sich hat. Eine weitere Kraft ist in der Seele, mit der sie gedenkt. Diese Kraft bildet in sich die Dinge ein, die nicht gegenwärtig sind, so daß ich diese Dinge ebensogut erkenne, wie wenn ich sie mit den Augen sähe, ja noch besser – ich denke mir mit Leichtigkeit eine Rose im Winter –, und mit dieser Kraft wirkt die Seele im Nichtsein, und sie folgt hiermit Gott, der im Nichtsein wirkt.

Ein heidnischer Meister spricht: »Die Seele, die Gott liebt, die erfaßt ihn unter der Hülle der Gutheit.« Noch sind dies alles Worte heidnischer Meister, was bisher angeführt wurde; sie erkannten nichts außer denn in dem natürlichen Licht. Noch gelangte ich nicht zu den Worten der heiligen Meister, die da in einem viel höheren Licht erkannten – dieser [eine] sagt: »Die Seele, die Gott liebt, die liebt ihn unter der Hülle der Gutheit.» Vernünftigkeit zieht Gott die Hülle der Gutheit ab und erfaßt ihn da bloß, wo er von Gutheit und von Sein und von allen Namen entkleidet ist.

Ich sagte in der Schule, daß Vernünftigkeit edler sei als Wille, und doch gehören beide in dieses [höhere] Licht. Da sprach ein Meister in einer anderen Schule, der Wille sei edler als Vernünftigkeit, denn der Wille nehme die Dinge, wie sie in sich selbst sind, Vernünftigkeit jedoch nehme die Dinge, wie sie in ihr sind. Dies ist wahr. Ein Auge ist edler in sich selbst als ein Auge, das an eine Wand gemalt ist. Ich aber sage, daß Vernünftigkeit edler ist als Wille. Wille nimmt Gott unter dem Gewand der Güte. Vernünftigkeit nimmt Gott bloß, wie er entkleidet ist von Güte und von Sein. Güte ist ein Kleid, darunter Gott verborgen ist, und Wille nimmt Gott unter dem Kleide der Güte. Wäre an Gott keine Güte, mein Wille begehrte nicht nach ihm. Wer einen König an dem Tag, da man ihn zum König machen sollte, einkleiden wollte und ihn in graue Kleider kleidete, der hätte ihn nicht passend gekleidet. Nicht davon bin ich selig, daß Gott gut ist. Ich will niemals danach verlangen, daß mich Gott durch seine Güte selig mache, denn er vermöchte es nicht zu tun. Dadurch allein bin ich selig, daß Gott vernünftig ist und ich dies erkenne. Ein Meister spricht: »Gottes Vernünftigkeit ist es, daran das Sein des Engels gänzlich hängt.« Man stellt die Frage, wo das Sein des Bildes allereigentlichst sei: im Spiegel oder in dem, von dem es ausgeht. Es ist eigentlicher in dem, von dem es ausgeht. Das Bild ist in mir, von mir, zu mir. Solange der Spiegel meinem Antlitz gegenüber unverändert steht, so lange ist mein Bild darin; fiele der Spiegel, dann verginge das Bild. Des Engels Sein hängt daran, daß ihm göttliche Vernünftigkeit gegenwärtig ist, darin er sich erkennt.

»Wie der Morgenstern mitten im Nebel.« Ich bin auf das Wörtlein »quasi«, das heißt »gleichwie«, aus; dies nennen die Kinder in der Schule ein »Beiwort«. Dies ist es, was ich in allen meinen Predigten im Sinne habe. Das Allereigentlichste, was man von Gott aussagen kann, das ist »Wort« und »Wahrheit«. Gott nannte sich selbst ein Wort. Sankt

Johannes sprach: »Im Anfang war das Wort« [Joh 1,1], und er meint, daß man bei diesem Wort ein Beiwort sein solle. So wie der »freie Stern«, nach welchem der Freitag benannt ist, die Venus: er [der Stern] hat manchen Namen. Wenn er vor der Sonne hergeht und eher aufgeht als die Sonne, dann heißt er »der Morgenstern«. Wenn er aber der Sonne hinterhergeht, so daß die Sonne eher untergeht, dann heißt er »der Abendstern«. Manchmal läuft er oberhalb der Sonne, manchmal unterhalb der Sonne. Vor allen Sternen ist er der Sonne beständig gleich nahe. Er kommt ihr niemals ferner oder näher, und er steht für einen Menschen, der hierzu gelangen will; der sollte Gott allezeit nahe und gegenwärtig sein, so daß ihn von Gott nichts zu entfernen möge, weder Glück noch Unglück, noch irgendeine Kreatur.

Er [der Schrifttext] sagt weiter: »Wie der volle Mond in seinen Tagen«. Der Mond übt Herrschaft über alle feuchte Natur. Niemals ist der Mond der Sonne so nahe wie dann, wenn er voll ist und wenn er sein Licht unmittelbar von der Sonne empfängt. Daher aber, daß er der Erde näher ist als irgendein Stern, hat er denn zwei Nachteile: daß er bleich und fleckig ist und daß er sein Licht verliert. Nie jemals ist er derart kräftig, wie wenn er der Erde am allerfernsten ist, denn dann wirft er das Meer am allerweitesten aus; je mehr er abnimmt, um so weniger vermag er es auszuwerfen. Je mehr die Seele erhaben ist über irdische Dinge, um so kraftvoller ist sie. Wer nichts als die Kreaturen erkennen würde, der müßte niemals an eine Predigt denken, denn eine jegliche Kreatur ist Gottes voll und ist ein Buch. Ein Mensch, der dazu gelangen will, wovon hier eben gesprochen wurde – darauf geht die ganze Rede vollständig hinaus –, der hat zu sein wie der Morgenstern: immerzu Gott gegenwärtig und immerzu bei ihm und gleich nahe und erhoben über alle irdischen Dinge und bei dem Wort ein Beiwort sein.

Es gibt ein hervorgebrachtes Wort, das ist der Engel und der Mensch und alle Kreaturen. Es gibt ein anderes Wort, gedacht und vorgebracht; dabei kann es dazu kommen, daß ich mir etwas vorstelle. Noch gibt es ein anderes Wort, das nie jemals hervorkommt, es ist vielmehr ewiglich in dem, der es spricht. Es ist immerfort in einem Empfangenwerden im Vater, der es spricht, [und ist] dennoch innebleibend. Vernünftigkeit ist ganz nach innen wirkend. Je feiner und je geistiger ein Ding ist, um so kräftiger wirkt es nach innen. Und je kräftiger und feiner die Vernunft ist, um so mehr wird das, was sie erkennt, mit ihr vereint, und um so mehr wird es eins mit ihr. Derart verhält es sich nicht mit körperlichen Dingen; je kräftiger die sind, um so mehr wirken sie nach außen. Gottes Seligkeit liegt am Einwärtswirken der Vernünftigkeit, wo das Wort innebleibend ist. Da soll die Seele ein Beiwort sein und mit Gott ein einziges Werk wirken, um in der in sich selbst schwebenden Erkenntnis ihre Seligkeit zu erfassen, in eben demselben, wo Gott selig ist.

Daß wir allezeit bei diesem Wort ein Beiwort sein dürfen, dazu verhelfe uns der Vater und dieses nämliche Wort und der Heilige Geist. Amen.

Predigt 10

In diebus suis placuit deo et inventus est iustus. – In seinen Tagen hat er Gott wohlgefallen, und er ist als gerecht erfunden worden. [Sir 44,16 f.]

Dieses Wort, das ich in Latein gesprochen habe, es steht in der Epistel geschrieben, und man kann es von einem heiligen Bekenner aussagen. Und zu deutsch lautet das Wort so: »Er ist innen gerecht erfunden worden in seinen Tagen, er hat Gott wohlgefallen in seinen Tagen.« Gerechtigkeit hat er gefunden innen. Mein Leib ist mehr in meiner Seele, als daß meine Seele in meinem Leib ist. Mein Leib und meine Seele sind mehr in Gott, als daß sie in sich selbst sind. Dies aber ist Gerechtigkeit: die Ursache aller Dinge in der Wahrheit. Wie Sankt Augustinus spricht: »Gott ist der Seele näher, als sie sich selbst ist.« Die Nähe Gottes und der Seele kennt keine Unterschiedenheit, fürwahr. Dasselbe Erkennen, in dem sich denn Gott selbst erkennt, dies ist [auch] das Erkennen eines jeden losgelösten Geistes und [es gibt] kein anderes. Die Seele empfängt ihr Sein ohne Vermittelndes von Gott, darum ist Gott der Seele näher, als sie sich selbst ist, darum ist Gott im Grunde der Seele mit seiner ganzen Gottheit.

Nun fragt ein Meister, ob das göttliche Licht in den Kräften der Seele ebenso lauter fließe, wie es im Sein ist, da doch die Seele ihr Sein ohne Vermittelndes von Gott hat und die Kräfte ohne Vermittlung aus dem Sein der Seele fließen. Göttliches Licht, das ist dazu zu edel, als daß es mit den Kräften Gemeinschaft zu halten vermöchte; denn alles, was da berührt und berührt wird, dem ist Gott fern und fremd. Und darum, weil die Kräfte berührt werden und berühren, so verlieren sie ihre Jungfräulichkeit. Göttliches Licht vermag nicht in sie zu leuchten; aber durch Übung und Abstreifen vermögen sie empfänglich zu werden. Hierzu spricht ein anderer Meister, daß den Kräften ein Licht gegeben werde, das dem inneren gleich sei. Es stellt sich dem inneren gleich, aber es ist nicht das innere Licht. Von diesem Licht erhalten sie einen Eindruck, daß sie empfänglich werden für das innere Licht. Ein weiterer Meister spricht, daß alle die Kräfte der Seele, die da im Leibe wirken, daß diese mit dem Leibe sterben, die Erkenntnis und der Wille ausgenommen: dies allein verbleibt der Seele. Sterben die Kräfte, die da im Leibe wirken, so bleiben sie dennoch in ihrer Wurzel bestehen.

Sankt Philippus sprach: »Herr, zeige uns den Vater, so genügt es uns.« [Joh 4,8] Nun kommt niemand zum Vater außer durch den Sohn [vgl. Joh 14,6]. Wer den Vater sieht, der sieht den Sohn [vgl. Joh 14,9], und der Heilige Geist ist beider Liebe. Die Seele ist in sich selbst so einfaltig, daß sie in ihrem Gegenwärtigsein nichts wahrnimmt als nur ein einziges Bild. Wenn sie das Bild eines Steines wahrnimmt, so nimmt sie das Bild des Engels nicht wahr, und wenn sie des Engels Bild wahrnimmt, so nimmt sie kein anderes wahr. Und eben dieses Bild, das sie wahrnimmt, das muß sie lieben in ihrem Gegenwärtigsein. Nähme sie tausend Engel wahr, dies wäre ebensoviel wie zwei Engel, denn sie nähme dennoch nicht mehr als einen wahr. Nun soll sich der Mensch in sich selbst in eins zusammenfassen. Sankt Paulus spricht denn: »Seid ihr nun frei gemacht von euren Sünden, dann seid ihr Knechte Gottes geworden.« [Röm 6,22] Der eingeborene Sohn hat uns befreit von unseren Sünden. Es spricht unser Herr viel treffender als Sankt Paulus: »Ich habe euch nicht Knechte geheißen, ich habe euch meine Freunde genannt« [und] »Der Knecht kennt den Willen seines Herrn nicht« [Joh 15,15], der Freund aber weiß alles, was sein Freund weiß. »Alles, was ich von meinem Vater vernommen habe, das habe ich euch kundgetan« [Joh 15,15], und alles, was mein Vater weiß, das weiß ich, und alles, was ich weiß, das wißt [auch] ihr; denn ich und mein Vater haben *einen* Geist. Der Mensch, der nun alles weiß, was Gott weiß, der ist ein gottwissender Mensch. Ein solcher Mensch erfaßt Gott in seinem eigenen Eigensein und in seiner eigenen Einheit und in seiner eigenen Gegenwärtigkeit und in seiner eigenen Wahrheit; mit einem solchen Menschen steht es sehr recht. Der Mensch aber, der mit inwendigen Dingen keinen gewohnten Umgang hat, der weiß nicht, was Gott ist. Wie ein Mann, der hat Wein in seinem Keller, hat aber davon nicht getrunken oder gekostet – dann weiß er nicht, daß er gut ist. So auch steht es mit den Leuten, die in Unwissenheit leben: Sie wissen nicht, was Gott ist, und sie glauben und vermeinen zu leben. Solches Wissen stammt nicht von Gott! Der Mensch muß ein lauteres, klares Wissen haben von der göttlichen Wahrheit. Ein Mensch, der eine rechte Absicht hat in allen seinen Werken, bei dem ist der Anfang dieser Absicht Gott, und die Verwirklichung dieser Absicht ist er [Gott] selbst und ist die lautere göttliche Natur und findet ihr Ende in der göttlichen Natur, in ihm selbst.

Nun spricht ein Meister, daß kein Mensch so töricht sei, daß er nicht nach Weisheit verlange. Warum denn werden wir nicht weise? Da gehört eben viel dazu! Die schwierigste Sache ist die, daß der Mensch hindurchgehen und hinübergehen muß über alle Dinge und die Ursache aller Dinge, und dies bringt dem Menschen Verdruß. Deshalb bleibt der Mensch in seiner Beschränktheit. Wenn ich ein reicher Mensch bin, bin ich deshalb noch nicht weise. Wenn mir aber das Wesen der Weisheit und deren Natur eingeformt ist und ich die Weisheit selbst bin, dann bin ich ein weiser Mensch.

Ich sprach einst in einem Kloster: Dies ist das eigentliche Bild der Seele, wo nichts aus- oder eingebildet wird, außer was Gott selbst ist. Die Seele hat zwei Augen, ein inneres und ein äußeres. Das innere Auge der Seele ist jenes, das in das Sein schaut und sein Sein ohne irgendwelche Vermittlung von Gott empfängt: dies ist das ihm eigene Werk. Das äußere Auge der Seele ist jenes, das da allen Kreaturen zugewendet ist und diese in bildhafter Weise und in der Weise der Kräfte wahrnimmt. Der Mensch, welcher nun in sich selbst gekehrt wird, so daß er Gott nach seinem eigenen Geschmack und in seinem eigenen Grund erkennt, ein solcher Mensch ist frei geworden von allen geschaffenen Dingen und ist in sich selbst eingeschlossen unter dem wahren Verschlusse der Wahrheit. So, wie ich einmal sagte, daß unser Herr am Ostertage bei verschlossenen Türen bei seinen Jüngern eintrat. So auch bei diesem Menschen, der da frei geworden ist von aller Ander(s)heit und aller Geschaffenheit – in einen solchen Menschen *kommt* Gott nicht, da *ist* er wesenhaft.

»Er ist Gott wohlgefällig gewesen in seinen Tagen.« Da ist mehr als nur ein Tag, wenn man sagt »in seinen Tagen«: Der Tag der Seele und Gottes Tag. Die Tage, die da hingegangen sind seit sechs oder sieben Tagen, und die Tage, die da waren vor sechstausend Jahren – sie sind dem Tage heute so nahe wie der Tag, der gestern war. Warum? Da ist die Zeit in einem gegenwärtigen Nun. Dadurch, daß der Himmel läuft – seit dem ersten Umlauf des Himmels –, dadurch ist es Tag. Dort ereignet sich der Tag der Seele in einem Nun, doch in ihrem natürlichen Licht, in dem alle Dinge sind. Da ist ein ganzer Tag, da ist Tag und Nacht eins. Gottes Tag ist da, wo die Seele in dem Tage der Ewigkeit steht in einem wesenhaften Nun, und da gebiert der Vater seinen eingeborenen Sohn in einem gegenwärtigen Nun und wird die Seele wiedergeboren in Gott. Sooft diese Geburt geschieht, ebenso oft gebiert sie den eingeborenen Sohn. Darum gibt es viel mehr an Söhnen, welche von Jungfrauen geboren, als solche, die von Frauen geboren sind, denn jene gebären über der Zeit in der Ewigkeit. Wie viele der Söhne es [immer] gibt, welche die Seele in der Ewigkeit gebiert, so ist ihrer doch nicht mehr als ein einziger Sohn, denn es geschieht über der Zeit im Tage der Ewigkeit.

Nun steht es vollkommen recht um den Menschen, der in Tugenden lebt; denn ich sagte vor acht Tagen, daß die Tugenden in Gottes Herzen seien. Wer in Tugend lebt und in Tugend wirkt, um den steht es sehr recht. Wer das Seine nicht sucht an irgendwelchen Dingen, weder an Gott noch an den Kreaturen, der wohnt in Gott, und Gott wohnt in ihm. Diesem Menschen ist es eine Lust, alle Dinge zu lassen und zu verschmähen, und dem ist es eine Lust, alle Dinge zu vollbringen bis auf ihr Allerhöchstes. Es spricht Sankt Johannes: »*Deus caritas est*«, »Gott ist die Liebe«, und die Liebe ist Gott, »und wer in der Liebe wohnt, der wohnt in Gott und Gott wohnt in ihm« [1 Joh 4,16]. Wer da in Gott wohnt, der hat eine gute Wohnung bezogen und ist ein Erbe Gottes; und in wem Gott wohnt, der hat würdige Hausgenossen bei sich. Nun sagt ein Meister, daß der Seele eine Gabe von Gott gegeben werde, wodurch die Seele angeregt werde zu inneren Dingen. Es sagt ein [anderer] Meister, daß die Seele vom Heiligen Geist ohne Vermittlung berührt werde, denn in der Liebe, in der Gott sich selbst liebt, in dieser Liebe liebt er mich, und die Seele liebt Gott in derselben Liebe, in der er sich selbst liebt. Und wäre diese Liebe nicht, in der Gott die Seele liebt, der Heilige Geist wäre nicht. Es ist eine Hitze und ein Ausblühen des Heiligen Geistes, in der die Seele Gott liebt.

Nun schreibt ein Evangelist: »Dies ist mein lieber Sohn, in dem ich mir wohlgefalle.« [Mk 1,11] Nun schreibt ein zweiter Evangelist: »Dies ist mein lieber Sohn, in dem mir alle Dinge gefallen.« [Lk 3,22] Nun schreibt der dritte Evangelist: »Dies ist mein lieber Sohn, in dem ich mir selbst gefalle.« [Mt 3,17] Alles, was Gott gefällt, das gefällt ihm in seinem eingeborenen Sohne; alles, was Gott liebt, das liebt er in seinem eingeborenen Sohne. Nun soll der Mensch so leben, daß er eins sei mit dem eingeborenen Sohn und daß er der eingeborene Sohn sei. Zwischen dem eingeborenen Sohn und der Seele ist kein Unterschied.

Zwischen dem Knecht und dem Herrn wird Liebe niemals gleich. Solange ich Knecht bin, so lange bin ich dem eingeborenen Sohne gar fern und ungleich. Schaute ich Gott an mit meinen Augen, mit diesen Augen, mit denen ich die Farbe sehe, dann täte ich ganz unrecht damit, denn dies wäre zeitlich; alles aber, was zeitlich ist, das ist Gott fern und fremd. Wo man Zeit nimmt – und nimmt man sie nur im Geringsten, dem Nun –, ist dies doch Zeit und besteht in sich selbst. Solange der Mensch Zeit und Statt hat und Zahl und Menge und Vielheit, so lange ist er sehr unrecht daran, und er ist Gott fern und fremd. Darum spricht unser Herr: »Wer mein Jünger werden will, der muß sich selbst lassen.« [Lk 9,23] Niemand vermag mein Wort noch meine Lehre zu hören, er habe sich denn selbst gelassen. Alle Kreaturen sind in sich selbst nicht(s). Darum habe ich gesagt: Lasset das Nichts, und ergreift das vollmächtige Sein, in dem der Wille recht ist. Wer seinen ganzen Willen gelassen hat, dem schmeckt meine Lehre, und er hört mein Wort. Nun spricht ein Meister, daß alle Kreaturen ihr Sein ohne Vermittlung von Gott empfangen; daher haben die Kreaturen es [an sich], daß sie Gott ihrer rechten Natur gemäß mehr lieben als sich selbst. Erkennte der Geist seine bloße Abgeschiedenheit, er vermöchte sich zu keinem Ding mehr hinzuneigen, er müßte auf seiner bloßen Abgeschiedenheit verbleiben. Darum spricht er [Jesus Sirach, der Ecclesiast]: »Er hat ihm wohlgefallen in seinen Tagen.«

Der Tag der Seele und Gottes Tag haben Unterschied. Wenn die Seele in ihrem natürlichen Tage ist, dann erkennt sie alle Dinge über Zeit und Raum; ihr ist kein Ding fern oder nah. Darum habe ich gesagt, daß alle Dinge gleich edel sind in diesem Tag. Ich sagte einst, daß Gott die Welt jetzt erschafft, und alle Dinge sind gleich edel an diesem Tag. Würden wir sagen, daß Gott die Welt gestern oder morgen erschüfe, so befaßten wir uns mit einer Torheit. Gott erschafft die Welt und alle Dinge in einem gegenwärtigen Nun. Und die Zeit, die da vergangen ist vor tausend Jahren, die ist Gott gerade jetzt so gegenwärtig und ebenso nahe wie die Zeit, die eben jetzt ist. Die Seele, die da in einem gegenwärtigen Nun steht, in die gebiert der Vater seinen eingeborenen Sohn, und in eben dieser Geburt wird die Seele in Gott geboren. Dies ist eine einzige Geburt; so oft sie [die Seele] wiedergeboren wird in Gott, so oft gebiert der Vater seinen eingeborenen Sohn in sie.

Ich habe von einer Kraft in der Seele gesprochen: In ihrem ersten Ausbruche, da erfaßt sie Gott nicht, insofern er gut ist, sie erfaßt Gott nicht, insofern er die Wahrheit ist; sie geht bis auf den Grund und sucht weiter und erfaßt Gott in seiner Einheit und in seiner Einöde; sie erfaßt Gott in seiner Wüstenei und in seinem eigenen Grunde. Deshalb läßt sie sich an nichts genügen, sie sucht weiter fort, was das sei, das Gott in seiner Gottheit ist und in dem Eigentum seiner eigenen Natur. Nun sagt man, daß keine Einung größer sei als die, daß die drei Personen *ein* Gott seien. Danach – sagt man –, daß keine Einung größer sei als Gott und die Seele. Wenn der Seele von der Gottheit ein Kuß gewährt wird, dann steht sie in ganzer Vollkommenheit und Seligkeit; darin wird sie umfangen von der Einheit. In dem ersten Berühren, in dem Gott die Seele berührt hat und sie ungeschaffenerweise und ungeschöpflicherweise berührt, darin ist die Seele, der Berührung Gottes entsprechend, so edel wie Gott selbst. Gott berührt sie sich selbst gemäß. Ich predigte einmal in Latein, und dies war am Tage der Dreifaltigkeit, da sagte ich: Die Unterschiedenheit ergibt sich aus der Einigkeit, nämlich die Unterschiedenheit in der Dreifaltigkeit. Die Einheit ist die Unterschiedenheit, und die Unterschiedenheit ist die Einheit. Je größer die Unterschiedenheit ist, um so größer ist die Einheit, denn diese ist die Unterschiedenheit ohne Unterschied. Wären da tausend Personen, so wäre da doch nichts als Einheit. Wenn Gott die Kreatur ansieht, dann gibt er ihr Sein; wenn die Kreatur Gott ansieht, dann empfängt sie ihr Sein. Die Seele hat ein vernünftiges, erkenntnisfähiges

Sein. Daher: Wo Gott ist, da ist die Seele, und wo die Seele ist, da ist Gott.

Nun spricht er [Jesus Sirach, der Ecclesiast]: »Er ist innen gefunden.« Das ist innen, was da wohnt im Grunde der Seele, im Innersten der Seele, in der Vernunft, und es geht nicht aus und sieht auf kein Ding. Da sind alle Kräfte der Seele gleich edel: hier innen ist er gerecht erfunden. Dies ist gerecht, was da gleich ist in Liebe und in Leid und in Bitterkeit und in Süßigkeit und wem kein Ding vollends zuwider ist, so daß er sich eins findet in der Gerechtigkeit. Der gerechte Mensch – er ist eins mit Gott. Gleichheit wird geliebt. Die Liebe liebt stets Gleiches; darum denn liebt Gott den gerechten Menschen als ein ihm selbst Gleiches.

Daß wir uns innen befinden im Tage und in der Zeit der Vernunft und im Tage der Weisheit und im Tage der Gerechtigkeit und im Tage der Seligkeit, dazu verhelfe uns der Vater und der Sohn und der Heilige Geist. Amen.

Predigt 14

Surge illuminare iherusalem, quia venit lumen tuum et gloria Domini super te orta est. – Steh auf, Jerusalem, und werde erleuchtet, denn es kommt dein Licht, und die Herrlichkeit Gottes geht (leuchtend) auf über dir. [Jes. 60,1]

Dieses Wort, das ich auf lateinisch gesprochen habe, steht geschrieben in der Epistel, die man in der Messe las. Der Prophet Jesaias spricht: »Steh auf, Jerusalem, und erhebe dich und werde erleuchtet« [Jes 60,1]. Hierin ist dreierlei Sinn zu verstehen. Bittet Gott um Gnade!

»Steh auf, Jerusalem, und erhebe dich und werde erleuchtet.« Die Meister und die Heiligen sagen gemeinhin, daß die Seele drei Kräfte habe, womit sie der Dreifaltigkeit gleiche. Die erste Kraft ist das Gedächtnis, womit ein geheimes, verborgenes Wissen gemeint ist; die bezeichnet den Vater. Die andere Kraft heißt *intelligentia*, das ist eine Vergegenwärtigung, ein Erkennen, eine Weisheit. Die dritte Kraft heißt Wille, eine Flut des Heiligen Geistes. Hierbei wollen wir nicht verweilen, denn es ist nichts Neues.

»Steh auf, Jerusalem, und werde erleuchtet.« Es äußern sich die anderen Meister, die auch die Seele dreiteilen: sie nennen die oberste Kraft eine zürnende Kraft; die vergleichen sie dem Vater. Die steht allerwege in Krieg und Erzürntheit gegen das Böse. Der Zorn verblendet die Seele, und die Liebe …

Die erste Kraft wirkt sich aus in der Leber, die zweite im Herzen, die dritte im Gehirn … Die erste ruht nimmermehr, bis sie in das Höchste kommt; gäbe es etwas Höheres als Gott, so wollte sie Gott nicht. Der andern genügt es nur am Allerbesten; gäbe es etwas Besseres als Gott, so wollte sie Gott nicht. Der dritten genügt es nur an einem Guten; gäbe es etwas Besseres als Gott, so wollte sie Gott nicht. Sie rastet nirgends als in einem beständigen Gut, in dem alle [einzelnen] ›Gut‹ beschlossen sind, so daß sie in ihm eins sind. Gott selbst rastet nicht da, wo er ein Beginn alles Seins ist; er rastet dort, wo er [zugleich] Ende und Beginn alles Seins ist.

Jerusalem besagt soviel wie ›eine Höhe‹, wie ich im [Kloster] Mariengarten sagte: »Was hoch ist, zu dem sagt man: ›komm herab!‹ Was niedrig ist, zu dem sagt man: ›komm herauf!‹« Bist du niedrig und wäre ich über dir, so müßte ich hinab zu dir. So tut's Gott: Wenn du dich demütigst, so kommt Gott von oben hernieder und kommt in dich. Die Erde ist das vom Himmel Allerfernste und ist in einen Winkel zusammengekrochen und schämt sich und würde gern dem schönen Himmel entfliehen von einem Winkel zum andern. Was [aber] wäre dann ihr Halt? Flieht sie niederwärts, so kommt sie zum Himmel; flieht sie aufwärts, sie kann ihm doch nicht entfliehen. Er jagt sie in einen Winkel und drückt seine Kraft in sie und macht sie fruchtbar. Warum? Das Alleroberste fließt in das Niederste. Ein Stern ist oberhalb der Sonne: das ist der oberste Stern, der ist edler als die Sonne; der fließt [mit seinem Licht] in die Sonne und erleuchtet die Sonne, und alles Licht, das die Sonne hat, das hat sie von diesem Stern. Was besagt es denn, daß die Sonne nicht ebensowohl des Nachts wie des Tags scheint? Das besagt, daß die Sonne ganz allein von sich aus nicht kräftig ist; daß ein gewisser Mangel in der Sonne ist, das seht ihr wohl [daran], daß sie an einem Ende dunkel ist, und des Nachts nehmen ihr der Mond und die

Sterne ihr Licht und treiben sie anderswohin; dann scheint sie anderswo in ein anderes Land. Jener [oberste] Stern fließt [mit seinem Licht] nicht allein in die Sonne, sondern er fließt durch die Sonne und durch alle Sterne und fließt in die Erde und macht sie fruchtbar. Ganz so ist es mit dem recht demütigen Menschen, der alle Kreaturen sich unterworfen hat und sich unter Gott drückt: Gott unterläßt es in seiner Gutheit nicht, sich völlig in einen solchen Menschen zu ergießen; er wird gezwungen dazu, es notwendig tun zu müssen. Willst du nun hoch sein und erhoben, so mußt du niedrig sein, [entfernt] von der Flut des Blutes und des Fleisches, denn eine Wurzel aller Sünden und aller Flecken ist die verborgene, verhohlene Hoffart, und ihr folgt nichts als Leid und Weh nach. Die Demut hingegen ist eine Wurzel alles Guten, und … folgt ihr nach.

Ich sagte zu Paris in der Schule [an der Universität], daß alle Dinge vollendet werden würden im recht demütigen Menschen. Die Sonne [im obigen Vergleich] entspricht Gott: das Allerhöchste in seiner unergründlichen Gottheit antwortet auf das Allerniedrigste in der Tiefe der Demut. Der wahrhaft demütige Mensch braucht Gott nicht zu bitten, er kann Gott gebieten, denn die Höhe der Gottheit hat es auf nichts anderes abgesehen als auf die Tiefe der Demut, wie ich [im Kloster] zu den Makkabäern sagte. Der demütige Mensch und Gott, das ist Eins; der demütige Mensch ist Gottes so gewaltig, wie er seiner selbst gewaltig ist, und alles, was in den Engeln ist, das ist dieses demütigen Menschen Eigen; was Gott wirkt, das wirkt der demütige Mensch, und was Gott ist, das *ist er: ein* Leben und *ein* Sein; und darum sprach unser lieber Herr: »Lernet von mir, daß ich sanftmütig und eines demütigen Herzens bin« [Mt 11,29].

Wenn ein Mensch recht demütig wäre, müßte Gott entweder seine ganze Gottheit verlieren und müßte sich ihrer völlig entäußern, oder er müßte sich ausgießen und müßte ganz in den Menschen fließen. Mir kam der Gedanke gestern Abend. Gottes Höhe liege an meiner Niedrigkeit: wo ich mich erniedrigte, da würde Gott erhöht. »Jerusalem wird erleuchtet werden«, sagt die Schrift und der Prophet [Jes 60,1]. Ich aber dachte gestern Abend, daß Gott *enthöht* werden sollte, nicht absolut, sondern vielmehr *innen*, und dies [dieses Enthöhen durch Verinnigung] besagt soviel wie ›enthöhter Gott‹, was mir so gut gefiel, daß ich es in mein Buch schrieb. Es besagt: ›ein enthöhter Gott‹, nicht absolut, sondern *innen*, auf daß *wir erhöht* werden sollten. Was oben war, das wurde innen. Du sollst geinnigt werden [und zwar] von dir selber in dich selber, auf daß er *in* dir sei, nicht, daß wir etwas nehmen von dem, was über uns sei: wir sollen es vielmehr in uns nehmen und sollen es nehmen von uns [selbst] in uns selbst.

Sankt Johannes spricht: »Die ihn aufnahmen, denen gab er Gewalt, Gottes Söhne zu werden. Die Gottes Sohn sind, die sind nicht vom Fleische noch vom Blut, sie sind aus Gott geboren«, nicht [aber] hinaus [das heißt: aus Gott heraus], vielmehr hinein. Unsere liebe Frau sprach: »Wie kann das sein, daß ich Gottes Mutter werde? Da sprach der Engel: Der Heilige Geist wird von oben in dich kommen« [vgl. Lk 1,34 f.]. David sprach: »Heute habe ich dich geboren« [Ps 2,7]. Was meint »heute«? – Ewigkeit. Ich habe mich [als] dich und dich [als] mich ewig geboren. Gleichviel genügt es dem edlen, demütigen Menschen nicht damit, daß er der eingeborene Sohn ist, den der Vater ewig geboren hat: er will auch Vater sein und in dieselbe Gleichheit mit der ewigen Vaterschaft eintreten und den gebären, von dem ich ewig geboren bin, wie ich im [Kloster] Mariengarten sprach; da kommt Gott in sein Eigen. Übereigne dich Gott, so ist Gott dein Eigen, so wie er seiner selbst Eigen ist. Was mir eingeboren wird, das bleibt: Gott scheidet sich nimmer von dem Menschen, wohin sich der Mensch [auch] kehrt. Der Mensch kann sich von Gott kehren; wie fern der Mensch von Gott [auch] geht, Gott steht und wartet seiner und tritt ihm in den Weg, ehe er's weiß. Willst du, daß Gott dein Eigen sei, so sollst du sein Eigen sein, so wie meine Zunge oder meine Hand [mein Eigen ist], so daß ich mit ihm tun kann, was ich will. So wenig ich etwas tun kann ohne ihn, so wenig kann er etwas tun ohne mich. Willst du denn, daß Gott so dein Eigen sei, so mach dich ihm eigen und behalt in deiner Meinung nichts als ihn; so ist er ein Beginn und [zugleich] ein Ende alles deines Wirkens, so wie seine Gottheit ja darin liegt, daß er Gott ist. Der Mensch, der so in allen seinen Werken nichts meint noch liebt als Gott, dem gibt Gott seine Gottheit. Alles, das der Mensch wirkt, … [das wirkt Gott], denn meine Demut gibt Gott seine Gottheit. »Das Licht leuchtet in der Finsternis, aber das Licht erfaßte nichts von der Finsternis« [Joh 1,5]; dies meint, daß Gott nicht nur ein Beginn ist aller unserer Werke und unseres Seins; er ist [vielmehr] auch ein Ende und eine Ruhe für alles Sein.

Daß wir von Jesus Christus die Lektion über die Demut lernen, dazu helfe uns allesamt Gott Vater, Sohn und heiliger Geist. Amen. Deo gratias.

Predigt 16 B

Quasi vas auri solidum ornatum omni lapide pretioso. – Wie ein festes goldenes Gefäß, mit allerart Edelsteinen verziert. [Sir 50,10]

Ich habe ein Wörtlein gesprochen in Latein, das man heute in der Epistel liest. Man kann es auf Sankt Augustinus anwenden und auf eine jegliche gute, heilige Seele: wie diese einem goldenen Gefäß gleichen, das da fest ist und beständig und die Edelkeit allen Gesteins an sich hat [Sir 50,10]. Es liegt an der Edelkeit der Heiligen, daß man sie mit nur einem einzigen Vergleich nicht zu kennzeichnen vermag; deswegen vergleicht man sie mit den Bäumen und der Sonne und dem Mond. Und so auch ist hier Sankt Augustinus mit einem goldenen Gefäß verglichen, das da fest ist und beständig und die Edelkeit allen Gesteins in sich hat. Und dies kann man in Wahrheit auf eine jegliche gute, heilige Seele anwenden, die da alle Dinge gelassen hat und sie dort nimmt, wo sie ewig sind. Wer die Dinge läßt, sofern sie Zufälligkeit sind, der besitzt sie da, wo sie das lautere Sein sind und ewig sind.

Ein jegliches Gefäß hat zwei Eigenschaften an sich: Es nimmt auf und enthält. Geistige Gefäße und körperhafte Gefäße sind verschieden. Der Wein ist in dem Fasse; das Faß ist nicht in dem Wein, noch ist der Wein so im Fasse, daß er in den Dauben wäre; denn wäre der Wein im Fasse als in dessen Dauben, so könnte man ihn nicht trinken. Anders steht es um das geistige Gefäß! Alles, was darin aufgenommen wird, das ist in dem Gefäß und das Gefäß in ihm und ist eben dieses Gefäß. Alles, was das geistige Gefäß aufnimmt, das ist seine eigene Natur. Gottes Natur besteht darin, daß er sich einer jeglichen guten Seele gibt, und die Natur der Seele besteht darin; daß sie Gott empfängt; und dies kann man behaupten von dem Edelsten, was die Seele aufzuweisen vermag. Da trägt die Seele das göttliche Bild und ist Gott gleich. Ein Bild kann es nicht geben ohne Gleichheit, Gleichheit hingegen kann es wohl geben ohne Bild. Zwei Eier sind gleich weiß, und dennoch ist das eine nicht des anderen Bild. Denn was eines anderen Bild sein soll, das muß aus dessen Natur kommen und muß aus ihm hervorgebracht sein und muß ihm gleich sein.

Ein jegliches Bild hat zwei Eigenschaften: Die eine besteht darin, daß es sich von dem, dessen Bild es ist, sein Sein ohne Vermittelndes geben läßt, oberhalb [des Bereichs] des Willens, denn es hat einen natürlichen Ausgang und dringt aus der Natur wie der Ast aus dem Baum. Wenn das Antlitz vor den Spiegel gerückt wird, dann muß das Antlitz in ihm abgebildet werden, ob es wolle oder nicht. Aber nicht die Natur bildet sich in dem Bild des Spiegels ab, vielmehr der Mund und die Nase und die Augen und die ganze Gestaltung des Gesichtes, die bildet sich im Spiegel zum Bild. Dies aber hat Gott sich allein vorbehalten, daß, worin er zum Bild wird, er da seine Natur und alles, was er ist und aufzuweisen vermag, darin gänzlich oberhalb [des Bereichs] des Willens zum Bild werden läßt. Denn das Bild steht dem Willen voran, und der Wille folgt dem Bilde, und das Bild hat den ersten Ausbruch aus der Natur und zieht alles in sich hinein, was die Natur und das Sein auszurichten vermögen, und die Natur ergießt sich vollständig in das Bild und bleibt dennoch ganz in sich selbst. Und deshalb verlegen die Meister das Bild nicht in den Heiligen Geist, vielmehr verlegen sie es in die mittlere Person, denn der Sohn hat den ersten Ausbruch aus der Natur. Darum heißt er im eigentlichen Sinn »Bild des Vaters«. Dies trifft aber auf den Heiligen Geist nicht zu: Er ist einzig ein Ausblühen aus dem Vater und aus dem Sohn und hat doch mit ihnen beiden eine Natur. Und dennoch ist der Wille nicht ein Vermittelndes zwischen dem Bild und der Natur. Ja, weder Erkennen noch Wissen, noch Weisheit vermag hier ein Vermittelndes zu sein, denn das göttliche Bild bricht aus der Fruchtbarkeit der Natur ohne Vermittelndes aus. Gibt es hier aber eine Vermittlung der Weisheit, so ist diese das Bild selbst. Darum heißt der Sohn in der Gottheit die Weisheit des Vaters.

Ihr sollt wissen, daß das einfaltige göttliche Bild, das in der Seele eingedrückt ist im Innersten ihrer Natur, ohne Vermittelndes angenommen wird. Und das Innerlichste und das Edelste, das in der [göttlichen] Natur ist, das bildet sich allereigentlichst in dem Bild der Seele ab, und hier gibt es kein Vermittelndes, weder Wille noch Weisheit, wie ich vorhin gesagt habe. Ist hier Weisheit ein Vermittelndes, dann ist dieses das Bild selbst. Hier ist Gott ohne Vermittelndes im Bilde, und das Bild ist ohne Vermittelndes in Gott. Doch ist Gott in viel edlerer Weise in dem Bilde, als das Bild in Gott ist. Hier erfaßt das Bild Gott nicht, insofern er der Schöpfer ist, sondern es nimmt ihn an, insofern er ein vernünftiges Sein ist, und das Edelste der Natur bildet sich allereigentlichst ein in das Bild. Dies ist ein natürliches Bild Gottes, das Gott in alle Seelen natürlicherweise eingedrückt hat. Nun vermag ich dem Bilde weiter nichts mehr zu geben; gäbe ich ihm aber etwas darüber hinaus, so müßte es Gott selbst sein, und dies trifft nicht zu, denn dann wäre Gott nicht Gott.

Die zweite Eigenschaft des Bildes sollt ihr an der Gleichheit des Bildes erkennen. Und hier beachtet insbesondere zwei Stücke. Das eine ist dies: Das Bild ist nicht aus sich selbst, noch besteht es für sich selbst. In gleicher Weise wie das Bild, das im Auge empfangen wird. Es entstammt nicht dem Auge, und es hat kein Sein im Auge, vielmehr hat es einzig ein Zuhängen und ein Anhaften an dem, dessen Bild es ist. Darum ist es nicht aus sich selbst und besteht es nicht für sich selbst, sondern es gehört eigentlich dem, dessen Bild es ist, und gehört ihm ganz und gar, und von ihm bezieht es sein Sein und ist dasselbe Sein.

Nun hört mir genau zu! Was ein Bild im eigentlichen Sinne sei, das sollt ihr an vier Stücken erkennen, oder vielleicht werden es ihrer mehr. Ein Bild ist nicht aus sich selbst, noch ist es für sich selbst; es entstammt einzig dem, dessen Bild es ist, und ihm gehört es ganz und gar mit allem, was es ist. Was jenem fremd ist, dessen Bild es ist, dem gehört es nicht zu, noch entstammt es ihm. Ein Bild bezieht sein Sein ohne Vermittelndes allein von dem, dessen Bild es ist, und hat ein Sein mit ihm und ist dasselbe Sein. Dies heißt nicht, daß über Dinge gesprochen wurde, die man alleine in der Schule vortragen soll: man kann sie zur Belehrung wohl auf dem Predigtstuhl vortragen.

Ihr fragt oft, wie ihr leben sollt. Dies werdet ihr hier durch Aufmerksamkeit in Erfahrung bringen. In gleicher Weise, wie hier von dem Bilde gesprochen worden ist, siehe, genauso sollst du leben. Du sollst sein [Gottes Bild] sein und sollst ihm sein und sollst nicht dein sein und sollst nicht für dich sein und sollst überhaupt niemandes sein. Als ich gestern in dieses Kloster kam, da sah ich Salbei und andere Kräuter auf einem Grabe wachsen – und da dachte ich: Hier liegt eines Menschen lieber Freund, und deshalb hat er dieses Stück Erde um so lieber. Wer da einen wirklichen Freund hat, der hat all das lieb, was zu ihm gehört, und was seinem Freund widersteht, dies mag er nicht. Dafür nehmt [euch] ein Beispiel am Hund, der [nur] ein unvernünftiges Tier ist. Der ist seinem Herrn so sehr treu: Alles, was seinem Herrn widersteht, das haßt er, doch wer seines Herrn Freund ist, den hat er lieb, und er achtet weder auf Reichtum noch auf Armut. Ja, und gäbe es einen blinden Bedürftigen, der seinem Herrn zugetan wäre, den hätte er lieber als einen König oder einen Kaiser, der seinem Herrn widerstünde. Ich sage wahrheitsgemäß: Wäre es denn möglich, daß der Hund seinem Herrn mit einer Hälfte untreu wäre, er haßte sich selbst mit der anderen Hälfte.

Aber nun klagen manche Leute, daß sie weder Innigkeit noch Andacht, weder Süßigkeit noch besonderen Trost von Gott hätten. Mit diesen Leuten steht es wahrlich noch sehr unrecht. Man mag es ihnen zwar hingehen lassen, doch das Beste ist es nicht: Solange sich irgendein Ding in dir erbildet, das nicht das ewige Wort ist noch aus dem ewigen Wort herausschaut, dies kann niemals so gut sein, daß es damit in Wahrheit nicht unrecht stehe. Deswegen ist allein dies ein gerechter Mensch, der alle geschaffenen Dinge zunichte gemacht hat und in einer geraden Linie ohne alles Herausschauen auf das ewige Wort ausgerichtet steht und darin eingebildet und wiedergebildet steht in der Gerechtigkeit. Ein solcher Mensch empfängt dort, wo der Sohn empfängt, und ist der Sohn selbst. Eine Schriftstelle sagt: »Niemand erkennt den Vater außer der Sohn« [Mt 11,27], und deshalb: Wollt ihr Gott erkennen, dann müßt ihr dem

Sohn nicht nur gleich sein, sondern ihr müßt der Sohn selbst sein.

Aber manche Leute wollen Gott mit den Augen anschauen, gleichwie sie eine Kuh ansehen, und wollen Gott so lieben, wie sie eine Kuh lieben. Diese liebst du um der Milch und um des Käses und um deines eigenen Nutzens willen. Ebenso halten es alle jene Leute, die Gott um äußeren Reichtums oder um inneren Trostes willen lieben. Doch solche lieben Gott nicht richtig, sie lieben vielmehr ihren eigenen Nutzen. Ja, ich spreche der Wahrheit gemäß: Alles, was du vornimmst in deinen Absichten, das nicht Gott in sich selbst ist, das kann niemals so gut sein, daß es dir nicht ein Hindernis zur höchsten Wahrheit sei.

Und wie ich zuvor gesagt habe: Wie Sankt Augustinus mit einem goldenen Gefäß verglichen wird, das da unten geschlossen und oben offen ist, so auch sollst du sein. Willst du mit Sankt Augustinus und in der Heiligkeit aller Heiligen stehen, dann muß dein Herz verschlossen sein gegen alle Geschaffenheit, und du mußt Gott erfassen, wie er in sich selbst ist. Deswegen hat man die Männer mit den obersten (Seelen-)Kräften verglichen, weil sie allezeit bloßen Hauptes sind, und die Frauen mit den niedersten Kräften, weil sie den Kopf allezeit bedeckt halten. Die obersten Kräfte sind über Zeit und über Raum und entspringen ohne Vermittelndes im Sein der Seele; und deshalb hat man sie mit den Männern verglichen, weil sie allezeit bloß dastehen. Deswegen ist ihr Werk ewig. Ein Meister spricht, daß alle die niedersten Kräfte der Seele, insoweit sie Zeit und Raum berührt haben, insoweit [denn] ihre jungfräuliche Reinheit verloren haben und [deshalb] niemals mehr so gänzlich ausgezogen und gebeutelt werden können, daß sie je in die obersten Kräfte zu gelangen vermögen; ihnen wird aber wohl die Einprägung eines ähnlichen Bildes zuteil.

Du sollst »beständig und fest« sein, das heißt: Du sollst gleichmütig stehen in Liebem und im Leid, in Glück und in Unglück, und sollst an dir haben die »Edelkeit allen Gesteins«, das heißt, daß alle Tugenden in dir eingeschlossen sein mögen und wesensmäßig aus dir (her)ausfließen. Du sollst durch alle Tugenden hindurchschreiten und über sie hinüberschreiten und sollst die Tugend einzig in jenem Grunde dir geben lassen, wo sie eins ist mit der göttlichen Natur. Und um soviel du mit der göttlichen Natur mehr vereinigt bist als der Engel, so viel muß er durch dich empfangen.

Daß wir eins werden, dazu verhelfe uns Gott. Amen.

Predigt 21

Unus deus et pater omnium qui super omnes et per omnia et in omnibus nobis. – Ein Gott und Vater aller, der über euch allen und durch euch alle und in euch allen ist. [Eph 4,6]

Ich habe ein Wort gesprochen auf lateinisch, das spricht Sankt Paulus in der Epistel: »Ein Gott und Vater aller, der da ist gebenedeit über alle und durch alle und in uns allen« [Eph 4,6]. Ein anderes Wort entnehme ich dem Evangelium, daß unser Herr sagt: »Freund, steig höher hinauf, zieh höher hinauf« [Lk 14,10].

In dem ersten, da Paulus spricht: »Ein Gott und Vater aller«, da verschweigt er ein Wörtlein, das ein Wandlungsmoment in sich beschließt. Wenn er sagt: »*ein* Gott«, so meint er damit, daß Gott *Eins* ist in sich selbst und gesondert von allem. Gott gehört niemandem an, und niemand gehört ihm an: Gott ist Eins. Boethius sagt: Gott ist Eins und wandelt sich nicht. Alles, was Gott je erschuf, das schuf er als dem Wandel unterworfen. Alle Dinge tragen, so wie sie geschaffen werden, Wandelbarkeit auf ihrem Rücken.

Dies will besagen, daß wir Eins sein sollen in uns selbst und gesondert von allem, und stetig unbewegt sollen wir mit Gott eins sein. Außerhalb Gottes ist nichts als nur das Nichts. Darum ist es unmöglich, daß in Gott irgendwie Veränderung fallen könne oder Wandlung. Was außer sich eine andere Stätte sucht, das ändert sich. Gott [aber] hat alle Dinge in sich in einer Fülle; darum sucht er nichts außerhalb seiner selbst, sondern nur in der Fülle, wie es in Gott ist. So wie es Gott in sich trägt, so kann es keine Kreatur begreifen.

Eine zweite Lehre [ist darin enthalten], wenn er sagt: »Vater aller, du bist gebenedeit«. Dieses Wort trägt nun ein Wandlungsmoment in sich. Wenn er sagt »Vater«, so sind wir dann jetzt mitgemeint. Ist er unser Vater, so sind wir seine Kinder, und so geht uns seine Ehre wie seine Schmähung, die man ihm bietet, zu Herzen. Wenn das Kind ersieht, wie lieb es dem Vater ist, so weiß es, weshalb es ihm schuldig ist, so rein und so unschuldig zu leben. Aus diesem Grund sollen auch wir in Reinheit leben, denn Gott spricht selbst: »Selig sind, die reinen Herzens sind, denn sie werden Gott schauen« [Mt 5,8]. Was ist Reinheit des Herzens? Das ist Reinheit des Herzens, was abgesondert und geschieden ist von allen körperlichen Dingen und gesammelt und verschlossen ist in sich selbst und was sich dann aus dieser Lauterkeit in Gott wirft und dort vereint wird. David sagt: die Werke sind lauter und unschuldig, die da auslaufen und im Lichte der Seele vollbracht werden: die aber sind noch unschuldiger, die da innen und im Geiste verbleiben und nicht herauskommen. »Ein Gott und Vater aller«.

Das andere Wort: »Freund, steig höher hinauf, zieh höher hinauf.« Ich mache aus zweien [aus den beiden Worten] eins. Wenn er sagt: »Freund, steig höher hinauf, zieh höher hinauf«, so ist das ein Zwiegespräch der Seele mit Gott, wobei ihr geantwortet wurde: »Ein Gott und Vater aller«. Ein Meister sagt: Freundschaft liegt im Willen. Soweit Freundschaft im Willen liegt, eint sie nicht. Ich habe es auch sonst schon gesagt: Liebe eint nicht; sie eint zwar im Werk, nicht aber im Sein. Deshalb nur sagt sie: »*Ein* Gott«, »Steig höher hinauf, zieh höher hinauf«. In den Grund der Seele kann nichts [gelangen] als die lautere Gottheit. Selbst der oberste

Engel, so nahe und so verwandt er Gott ist und soviel er auch von Gott in sich habe – sein Wirken ist stetig in Gott, er ist im Sein, nicht im Wirken mit Gott geeint, er hat ein Innebleiben in Gott und ein stetiges Dabeibleiben: *wie* edel der Engel auch ist, das ist fürwahr ein Wunder; trotzdem kann er nicht in die Seele hinein. Ein Meister sagt: Alle Kreaturen, die Unterschiedenheit haben, die sind dessen unwürdig, daß Gott selbst in ihnen wirke. Die Seele in sich selbst, da, wo sie oberhalb des Körpers ist, ist so lauter und so zart, daß sie nichts aufnimmt als die bloße, lautere Gottheit. Und selbst noch Gott kann nicht da hinein, ihm werde denn alles das abgenommen, was ihm zugelegt ist. Darum ward ihr geantwortet: »*Ein* Gott«.

Sankt Paulus sagt: »*Ein* Gott«. *Eins* ist etwas Lautereres als Gutheit und Wahrheit. Gutheit und Wahrheit legen nichts zu, sie legen wohl im Gedanken zu; wenn es gedacht wird, da legt es zu. Eins dagegen legt nichts zu, dort, wo er [Gott] in sich selbst ist, ehe er ausfließt in den Sohn und in den Heiligen Geist. Darum sprach er: »Freund, zieh höher hinauf.« Ein Meister sagt: Eins ist ein Verneinen des Verneinens. Sage ich, Gott ist gut, so fügt das [Gott] etwas zu. Eins [dagegen] ist ein Verneinen des Verneinens und ein Verleugnen des Verleugnens. Was meint »Eins«? Eins meint das, dem nichts zugelegt ist. Die Seele nimmt die Gottheit, wie sie in sich geläutert ist, wo [ihr] nichts zugelegt ist, wo nichts [hinzu]gedacht ist. Eins ist ein Verneinen des Verneinens. Alle Kreaturen tragen eine Verneinung in sich; die eine verneint, die andere zu sein. *Ein* Engel verneint, daß er ein anderer [Engel] sei. Gott aber hat ein Verneinen des Verneinens; er ist Eins und verneint alles andere, denn nichts ist außerhalb Gottes. Alle Kreaturen sind in Gott und sind seine eigene Gottheit, und das bedeutet die Fülle, wie ich oben sagte. Er ist ein Vater der ganzen Gottheit. Ich sage deshalb *eine* Gottheit, weil dort noch nichts ausfließt und nichts berührt noch gedacht wird. Darin, daß ich Gott etwas abspreche – spreche ich Gott z. B. die Gutheit ab, in Wahrheit kann ich [natürlich] Gott gar nichts absprechen –, darin also, daß ich Gott etwas abspreche, erfasse ich etwas, was er *nicht* ist: eben *das* nun muß hinweg. Gott ist *Eins*, er ist ein Verneinen des Verneinens.

Ein Meister sagt, die Natur des Engels betätige keine Kraft und kein Wirken, wobei sie nicht ausschließlich nur um Gott wisse. Was es sonst gibt, davon wissen sie nichts. Darum sprach er: »*Ein* Gott, Vater aller«; »Freund, zieh höher hinauf«. Gewisse Kräfte der Seele nehmen auf von draußen, wie das Auge: wie fein das auch immer aufnehmen und das Gröbste abspalten mag, so nimmt es dennoch etwas von außen, was ein Absehen hat auf Hier und Nun. Das Erkennen aber und die Vernunft, die schälen alles ab und nehmen auf, was weder Hier noch Nun kennt; in *dieser* Weite berührt die Vernunft die Engelsnatur. Dennoch empfängt sie von den Sinnen; was die Sinne von außen eintragen, davon nimmt die Vernunft auf. Dies tut der Wille nicht; in diesem Punkt ist der Wille edler als die Vernunft. Der Wille entnimmt nirgends als im reinen Erkennen, wo es weder Hier noch Nun gibt. Gott [unser Herr] will sagen: Wie hoch immer, wie lauter auch der Wille sei, er muß höher hinauf. Es ist ein Antworten, wenn Gott sagt: »Freund, steig weiter hinauf, so wird dir Ehre zuteil« [Lk 14,10].

Der Wille will Seligkeit. Ich ward gefragt, welcher Unterschied bestehe zwischen Gnade und Seligkeit. Gnade, wie wir sie hier in diesem Leben erfahren, und Seligkeit, die wir späterhin besitzen werden im ewigen Leben, die verhalten sich zueinander wie die Blüte zur Frucht. Wenn die Seele ganz voll Gnade ist und ihr von allem, was in ihr ist, nichts mehr übrigbleibt, das die Gnade nicht wirke und vollende, so kommt doch nicht alles, so wie es in der Seele ist, so zur Wirkung, daß die Gnade alles das, was die Seele wirken soll, vollende. Ich habe auch sonst schon gesagt: Die Gnade wirkt kein Werk, sie gießt [vielmehr] nur alle Zier vollends in die Seele; dies ist die Fülle im Reich der Seele. Ich sage: Die Gnade vereinigt die Seele nicht mit Gott, sie ist vielmehr [nur] ein volles Zubringen; dies ist ihr Werk, daß sie die Seele zurück zu Gott bringt. Dort wird ihr die Frucht aus der Blüte zuteil. Der Wille, soweit er Seligkeit will und soweit er mit Gott sein will und wie er solcherweise emporgezogen ist –, in einen Willen solcher Lauterkeit schlüpft Gott wohl ein, und, soweit die Vernunft Gott so lauter nimmt, wie er Wahrheit ist, soweit schlüpft Gott wohl in die Vernunft ein. So aber, wie er in den Willen fällt, muß er höher hinauf. Darum spricht er: »Ein Gott«, »Freund, steig höher hinauf«.

»*Ein* Gott«: darin, daß Gott Eins ist, ist Gottes Gottheit vollendet. Ich sage: Gott könnte nimmermehr seinen eingeborenen Sohn gebären, wenn er nicht Eins wäre. Daraus, daß Gott Eins ist, daraus schöpft er alles, was er wirkt in den Kreaturen und in der Gottheit. Ich sage weiterhin: Einheit hat allein Gott. Gottes Eigenart ist die Einheit; daraus entnimmt Gott, daß er Gott ist, er wäre sonst nicht Gott. Alles, was Zahl ist, das hängt vom Einen ab, und das Eine hängt von nichts ab. Gottes Reichtum und Weisheit und Wahrheit sind ganz und gar Eins in Gott; es ist nicht nur

Eins, es ist Einheit. Gott hat alles, was er hat, im Einen, es ist Eins in ihm. Die Meister sagen, der Himmel laufe um, auf daß er alle Dinge ins Eine bringe; deshalb läuft er so schnell. Gott hat alle Fülle als Eins, und Gottes Natur hängt daran, und es ist der Seele Seligkeit, daß Gott Eins ist; es ist ihre Zier und ihre Ehre. Er sprach: »Freund, steig höher hinauf, so wird dir Ehre zuteil.« Es ist der Seele Ehre und Zier, daß Gott Eins ist. Gott tut so, als sei er [nur] deshalb Eins, damit er der Seele gefalle, und als schmücke er sich zu dem Ende, daß er die Seele nur in sich vernarrt mache. Darum will der Mensch bald eines, bald ein anderes; bald übt er sich in der Weisheit, bald in der Kunst. Weil sie das *Eine* nicht besitzt, darum kommt die Seele nimmer zur Ruhe, bis alles Eins in Gott wird. Gott ist Eins; *dies* ist der Seele Seligkeit und ihre Zier und ihre Ruhe. Ein Meister sagt: Gott hat in allen seinen Werken *alle* Dinge im Auge. Die Seele *ist* alle Dinge. Was unterhalb der Seele in allen Dingen das Edelste, das Lauterste, das Höchste ist, das gießt Gott allzumal in sie. Gott ist alles und ist Eins.

Daß wir so eins werden mit Gott, dazu helfe uns »ein Gott, Vater aller«. Amen.

Predigt 28

Ego elegi vos de mundo. – Ich habe euch aus der Welt erwählt. [Joh 15,16]

Diese Worte, die ich gesprochen habe auf lateinisch, die liest man heute im Evangelium, am Festtag eines Heiligen, der Barnabas hieß. Und die Schrift sagt bekanntlich, daß er ein Apostel sei. [Vgl. Apg 11,21–26 und 13,1–3.] Und unser Herr spricht: »Ich habe euch auserkoren, ich habe euch auserwählt aus der ganzen Welt, ich habe euch auserlesen aus der ganzen Welt und aus allen geschaffenen Dingen, daß ihr hingehet und viel Frucht bringet und daß die Frucht bleibe.« [Joh 15,16] Denn es ist gar lustvoll, was da Frucht bringt und wenn einem die Frucht bleibt. Und dem bleibt die Frucht, der da bleibt und der da wohnt in der Liebe. Am Schluß dieses Evangeliums spricht unser Herr: »Liebet euch untereinander, wie ich euch geliebt habe; und wie mich mein Vater ewiglich geliebt hat, so habe ich euch geliebt. Haltet ihr mein Gebot, so bleibt ihr in meiner Liebe.« [Joh 15,12 und 15,9 f.]

Alle Gebote Gottes – sie kommen aus der Liebe und aus der Güte seiner Natur; denn kämen sie nicht aus der Liebe, so könnten sie nicht Gottes Gebote sein. Denn Gottes Gebot ist die Güte seiner Natur, und seine Natur ist seine Güte in seinem Gebot. Wer nun in der Güte seiner Natur wohnt, der wohnt in Gottes Liebe, und diese Liebe hat kein Warum. Hätte ich einen Freund und liebte ich ihn darum, weil mir Gutes durch ihn geschähe und mein voller Wille [sich erfüllte], so liebte ich nicht meinen Freund, sondern mich selbst. Ich soll meinen Freund lieben wegen seiner eigenen Güte und wegen seiner eigenen Tugend und wegen [all] dessen, was er in sich selbst ist. Dann liebe ich meinen Freund wirklich, wenn ich ihn derart liebe, wie eben gesagt wurde.

Ebenso verhält es sich beim Menschen, der da in Gottes Liebe steht, der nichts des Seinen sucht in Gott, auch nichts in sich selbst oder an irgendwelchen Dingen, und der Gott liebt allein um seiner eigenen Güte und um der Güte seiner Natur willen und um all das, was er in sich selbst ist. Und dies ist gerechte Liebe.

Liebe zu den Tugenden ist eine Blume und eine Zierde und die Mutter aller Tugenden und aller Vollkommenheit und aller Seligkeit, denn sie ist Gott, da Gott die Frucht der Tugenden ist. Gott macht alle Tugenden fruchtbar und ist eine Frucht der Tugenden, und diese Frucht bleibt dem Menschen. Einem Menschen, der da um einer Frucht willen wirkte – wenn ihm die Frucht dann verbliebe, wäre dies sehr vergnüglich. Und wäre ein Mann, der einen Weingarten oder einen Acker besäße, und er überließe ihn seinem Knecht, daß dieser ihn bearbeite und daß diesem die Frucht zufalle, und gäbe er diesem zudem alles, was dazu nötig ist – es wäre ihm sehr vergnüglich, daß diesem die Frucht für den Aufwand verbliebe. So auch ist es für den Menschen äußerst lustvoll, der da wohnt in der Frucht der Tugenden, denn er hat keinen Verdruß noch irgendwelche Unruhe, da er sich selbst und alle Dinge gelassen hat.

Nun spricht unser Herr: »Wer etwas hingibt um meinetwillen und um meines Namens willen, dem will ich hundertfältig wiedergeben und dazu das ewige Leben.« [Mt 19,29] Ließest du es jedoch um das Hundertfältige und um des ewigen Lebens willen, dann hättest du nichts hingegeben. Ja, gibst du es hin um hunderttausendfachen Lohn, du hast nichts hingegeben: du mußt dich selbst lassen und ganz lassen, dann hast du richtig gelassen. Es kam einmal ein Mensch zu mir – es ist nicht lange her –, und er sagte, er habe große Dinge hingegeben an Grundbesitz, an Vermögen, um dessentwillen, daß er seine Seele rettete. Da dachte ich: »Ach, wie wenig und gar nichts hast du gelassen! Es ist eine Blindheit und eine Torheit, solange du irgendwie beachtest, was du gelassen hast. Hast du dich selbst gelassen, dann hast du gelassen.« Ein Mensch, der sich selbst gelassen hat, der ist so lauter, daß die Welt ihn nicht zu ertragen vermag.

Ich sagte hier – es ist noch nicht lange her – einmal dies: Wer da die Gerechtigkeit liebt, dessen nimmt sich die Gerechtigkeit an, und er wird ergriffen von der Gerechtigkeit. Ich schrieb einst in meinem Buch: Der gerechte Mensch dient weder Gott noch den Kreaturen, denn er ist frei; und je näher er der Gerechtigkeit ist, um so mehr ist er die Freiheit selbst, und um so mehr ist er die Freiheit. Dies alles, was geschaffen ist, das ist nicht frei. Solange irgend etwas über mir ist, das nicht Gott selbst ist, drückt mich dies, so klein es auch sei oder wie immer es sei, und wäre es selbst Vernunft und Liebe: insofern sie geschaffen und nicht Gott selbst ist, bedrängt mich dies, denn es ist unfrei. Der nicht gerechte Mensch – er dient der Wahrheit, es sei ihm lieb oder leid, und er dient der ganzen Welt und allen Kreaturen und ist ein Knecht der Sünde.

Ich überlegte [mir] einmal – es ist noch nicht lange her: Daß ich ein Mensch bin, dies ist auch einem anderen Menschen gemein mit mir; daß ich sehe und höre und esse und trinke, dies tut auch ein anderes Lebewesen. Was ich aber bin, dies gehört keinem anderen Menschen als mir allein: weder einem Menschen noch einem Engel, noch Gott, außer insoweit ich eins bin mit ihm. Es ist eine Lauterkeit und eine Einigkeit. Alles, was Gott wirkt, das wirkt er in dem Einen ihm selbst Gleichen. Gott – er gibt allen Dingen gleich, und dennoch sind sie in ihren Werken ungleich, doch demungeachtet streben sie in all ihren Werken nach dem ihnen Gleichen.

Die Natur wirkte in meinem Vater das Werk der Natur. Die Absicht der Natur war die, daß ich Vater würde, wie er Vater war. Er wirkt sein ganzes Werk um eines ihm selbst Gleichen und um seines eigenen Bildes willen, damit er das Werk selbst sei: dies zielt alles auf den »Mann« ab. Wenn da die Natur abgelenkt oder gehindert wird, so daß sie nicht die volle Kraft hat in ihrem Wirken, dann entsteht eine Frau. Doch wo die Natur von ihrem Werk abläßt, da hebt Gott zu wirken und zu schaffen an; denn wären nicht Frauen, so wären auch keine Männer. Wenn das Kind im Mutterleib empfangen wird, dann hat es Bild und Form und Gestalt; dies bewirkt die Natur. Derart bleibt es dann während vierzig Tagen und vierzig Nächten, und am vierzigsten Tag erschafft Gott die Seele, viel rascher als in einem Augenblick, damit die Seele für den Leib die Form und das Leben wird. So bringt das Werk der Natur alles zum Austrag, was die Natur zu wirken vermag durch Form und durch Bild und durch Gestaltung. Und so wie das Werk der Natur ganz und gar darauf ausgerichtet ist, dementsprechend wird es der vernünftigen Seele zurückerstattet. Nun, dies ist ein Werk der Natur *und* eine Schöpfung Gottes.

In all dem, was da geschaffen ist – wie ich öfters schon gesagt habe –, darin liegt die Wahrheit nicht. Es gibt etwas, das über das geschaffene Sein der Seele hinausreicht, an das keine Geschaffenheit rührt, das nichts ist. Selbst der Engel hat es nicht, welcher ein lauteres Sein hat, das lauter und weit ist; es rührt nicht daran. Es besteht eine Verwandtschaft göttlicher Art, sie ist in sich selbst eins, es hat mit nichts etwas gemein. Diesbezüglich kommen manche große Gottesgelehrte ins Hinken. Es ist eine Fremde und eine Wüstenei und ist eher namenlos, als daß es einen Namen hat, und ist eher unerkannt, als daß es erkannt ist. Könntest du dich selbst einen Augenblick vernichten – ich sage, noch kürzer als für einen Augenblick –, dann wäre dir alles dies zu eigen, was es in sich selbst ist. Solange du auf dich selbst oder auf irgendein Ding achtest, so lange weißt du so wenig, was Gott ist, wie mein Mund weiß, was Farbe ist, und wie mein Auge weiß, was Geschmack ist: so wenig weißt du und ist dir bekannt, was Gott ist.

Nun spricht Plato, der große Gelehrte, er hebt an und will von großen Dingen reden. Er spricht von einer Lauterkeit, die es in der Welt nicht gibt. Sie ist weder in der Welt noch außer der Welt, sie ist weder in der Zeit noch in der Ewigkeit, sie hat weder Äußerlichkeit noch Innerlichkeit. Hier heraus treibt Gott, der ewige Vater, die Fülle und den Abgrund all seiner Gottheit hervor. Dies gebiert er hier in seinem eingeborenen Sohn, und daß wir derselbe Sohn sind, und sein Gebären, das ist sein Innebleiben, und sein Innebleiben ist sein Ausgebären. Dies alles bleibt dieses Eine, das in sich selbst quillt.

Ego, das Wort »Ich«, ist niemandem eigen als Gott allein in seiner Einheit. *Vos*, dieses Wort heißt soviel als »Ihr«, daß ihr eins seid in der Einheit, das bedeutet: Das Wort *ego* und *vos*, »Ich« und »Ihr«, das meint diese Einheit.

Daß wir eben diese Einheit seien und diese Einheit bleiben mögen, dazu verhelfe uns Gott. Amen.

Predigt 53

Misit dominus manum suam et tetigit os meum et dixit mihi etc. – Der Herr hat seine Hand ausgestreckt und hat meinen Mund berührt, und er hat zu mir gesprochen usw. [Jer 1,9]

»Der Herr hat seine Hand ausgestreckt und hat meinen Mund berührt, und er hat zu mir gesprochen.«

Wenn ich predige, so pflege ich von Abgeschiedenheit zu sprechen und daß der Mensch ledig werden soll seiner selbst und aller Dinge. Zum zweiten, daß man (hin)eingebildet werden soll in das einfaltige Gut, das Gott ist. Zum dritten, daß man des hohen Adels gedenken soll, den Gott der Seele zuteil werden ließ, damit man zu Erstaunlichem in Gott gelange. Zum vierten von der Lauterkeit der göttlichen Natur – welche Klarheit in der göttlichen Natur sei, dies ist unsagbar. Gott ist ein Wort, ein unausgesprochenes Wort.

Augustinus spricht: »Die ganze Schrift ist eitel. Sagt man, daß Gott ein Wort sei, dann ist er ausgesprochen. Sagt man, daß er unausgesprochen sei, dann ist er unaussprechbar.« So ist er doch etwas! Wer kann dieses Wort aussprechen? Dies tut niemand außer der, welcher dieses Wort ist. Gott ist ein Wort, das sich selbst ausspricht. Wo Gott ist, da spricht er dieses Wort; wo er nicht ist, da spricht er es nicht. Gott ist ausgesprochen und ist unausgesprochen. Der Vater ist ein sprechendes Werk, und der Sohn ist ein wirkender Ausspruch. Was in mir ist, das geht aus mir heraus; wenn ich es erst denke, dann offenbart dies mein Wort, und es bleibt dennoch drin. Ebenso spricht der Vater den Sohn unausgesprochen, und er bleibt doch in ihm. Ich habe es schon öfters gesagt: Gottes Ausgang ist sein Eingang. Insoweit ich Gott nahe bin, insoweit spricht Gott sich in mich. [Dies gilt für] alle vernünftigen Kreaturen in ihren Werken: Je mehr sie aus sich selbst herausgehen, um so mehr gehen sie in sich selbst ein. Dies verhält sich bei körperlichen Kreaturen nicht so: je mehr sie wirken, um so mehr gehen sie heraus aus sich selbst. Alle Kreaturen wollen Gott aussprechen in allen ihren Werken. Sie alle sprechen [ihn aus], so annähernd sie es vermögen; sie können ihn jedoch nicht aussprechen. Ob sie wollen oder nicht wollen, es sei ihnen lieb oder leid: Sie alle wollen Gott aussprechen, und er bleibt doch unausgesprochen.

David spricht: »Der Herr ist sein Name.« [Ps 68,5] »Herr« bedeutet soviel wie die Überordnung einer Herrschaft; »Knecht« ist eine Unterordnung. Gewisse Namen, die sind Gott eigen und losgelöst von allen anderen Dingen wie »Gott«. »Gott«, dieser Name ist der allereigentlichste Name Gottes, wie »Mensch« des Menschen Name ist. Ein Mensch ist immer ein Mensch, er sei töricht oder gescheit. Seneca spricht: »Dies ist ein erbärmlicher Mensch, der über den Menschen nicht hinausgelangt.« Gewisse Namen haben ein [akzidentielles] Anhaften an Gott, wie »Vaterschaft« und »Sohnschaft«. Wo man »Vater« ausspricht, da versteht man »Sohn«. Einen Vater kann es nicht geben, er habe denn einen Sohn, noch einen Sohn, er habe denn einen Vater; sie tragen jedoch oberhalb der Zeit ein ewiges Sein in sich.

Zum dritten: Gewisse Namen haben ein Hinaufstreben zu Gott und eine Hinwendung in die Zeit. Man benennt Gott auch in der Schrift mit vielen Namen. Ich spreche: Wer etwas an Gott erkennt und ihm irgendeinen Namen anheftet, dies ist nicht Gott. Gott ist über Namen und über

Natur. Wir lesen von einem guten Mann, der bat Gott in seinem Gebet und wollte ihm einen Namen geben. Da sprach ein Bruder: »Schweig, du entehrst Gott!« Wir vermögen keinen Namen zu finden, den wir Gott geben dürften. Doch sind uns jene Namen erlaubt, mit denen ihn die Heiligen genannt haben und die Gott in ihren Herzen damit geweiht und übergossen hat mit göttlichem Lichte. Und hieran sollen wir zum ersten lernen, daß wir Gott bitten sollen. Wir sollen sprechen: »Herr, mit denselben Namen, die du also geweiht hast im Herzen deiner Heiligen und übergossen mit deinem Lichte, mit denen bitten wir dich und loben wir dich!« Zum zweiten sollen wir lernen, daß wir Gott keinen Namen geben derart, daß wir annehmen möchten, daß wir ihn damit ausreichend gelobt und geehrt hätten. Denn Gott ist »über Namen« und unaussprechlich.

Der Vater spricht den Sohn aus aus all seiner Macht und alle Dinge in ihm. Alle Kreaturen sind ein Aussprechen Gottes. Das nämlich, daß mein Mund Gott ausspricht und kundmacht, das tut [auch] das Sein des Steines; man versteht jedoch mehr aus dem Werk als aus den Worten. Das Werk, das die oberste Natur aus ihrem höchsten Vermögen wirkt, das vermag die Natur, die unter ihr ist, nicht zu begreifen. Wirkte sie dasselbe, dann stünde sie nicht unter ihr, vielmehr: Sie wäre dasselbe. Alle Kreaturen möchten in allen ihren Werken Gott nachsprechen. Es ist jedoch sehr wenig, was sie [die Kreaturen] zu offenbaren vermögen. Selbst die obersten Engel, während sie aufsteigen und Gott berühren – dies ist so ungleich gegenüber dem, was Gott ist, wie Weiß und Schwarz. Es ist überaus ungleich, was sämtliche Kreaturen empfangen haben, wiewohl sie alle gerne das Äußerste aussprechen möchten, das sie vermögen. Der Prophet [König David] spricht: »Herr, du sprichst Eines, und ich verstehe Zwei.« [Ps 61,4] Wenn Gott in die Seele spricht, dann ist sie und er Eines; sobald es [das Eine] jedoch abfällt, dann wird es geteilt. Je mehr wir mit unserer Erkenntnis aufsteigen, um so mehr sind wir in ihm Eines. Darum spricht der Vater den Sohn allezeit in der Einigkeit und entgießt in ihm alle Kreaturen. Sie alle haben ein Rufen, um wiederum hineinzugelangen, woher sie ausgeflossen sind. Ihr gesamtes Leben und ihr Sein, das ist alles ein Rufen und ein Eilen wiederum hin zu dem, von dem sie ausgegangen sind.

Der Prophet spricht: »Der Herr hat ausgestreckt seine Hand«, und er meint den Heiligen Geist. Nun spricht er: »Er hat berührt meinen Mund« und sagt alsdann: »Er hat zu mir gesprochen.« [Jer 1,9] Der Mund der Seele ist der oberste Teil der Seele, den meint sie [die Seele], wenn sie spricht: »Er hat sein Wort in meinen Mund gelegt.« Dies ist der Kuß der Seele: da ist Mund zu Mund gekommen, da gebiert der Vater seinen Sohn in die Seele, und da wird ihr »zugesprochen«. Nun sagt er: »Nimm wahr, ich habe dich heute auserwählt und habe dich gesetzt über mein Volk und über Reiche.« In ein »Heute« verheißt Gott uns auszuerwählen, in dem nichts ist, wo dennoch in der Ewigkeit ein »Heute« ist. »Und ich habe dich gesetzt über Volk«, das heißt über die ganze Welt. Von dieser mußt du ledig sein – »und über Reiche« –, das heißt: Was mehr als Eines ist, das ist zuviel, denn du mußt allen Dingen absterben, und du sollst wiederum (hin)eingebildet werden in die Höhe, wo wir wohnen in dem Heiligen Geiste.

Dazu verhelfe uns Gott, der Heilige Geist. Amen.

Predigt 69

Modicum et iam non videbitis me. – Über ein kleines, und ihr werdet mich nicht sehen. [Joh 16,16]

Ich habe ein Wort gesprochen in Latein, das schreibt Sankt Johannes im Evangelium, welches man an diesem Sonntag liest. Dieses Wort sprach unser Herr zu seinen Jüngern: »Über ein kleines oder ein weniges, und alsbald werdet ihr mich nicht sehen.«

Wie klein [auch] immer etwas ist, das an der Seele haftet, so sehen wir Gott nicht. Sankt Augustinus stellte die Frage, was ewiges Leben sei, und er antwortete und sprach: »Fragst du mich, was ewiges Leben sei, [so] frage und höre das ewige Leben selbst. Niemand weiß besser, was die Hitze ist, als wer die Hitze hat; niemand weiß besser, was die Weisheit ist, als wer die Weisheit hat; niemand weiß besser, was das ewige Leben ist, als das ewige Leben selbst.« Nun spricht das ewige Leben, unser Herr Jesus Christus: »Das ist ewiges Leben, daß man dich erkenne als den einzigen wahren Gott.« [Joh 17,3] Wer Gott erkennt von ferne, wie in einem Vermittelnden oder in einer Wolke, der trennt sich von Gott nicht einen Augenblick um alles in dieser Welt. Was glaubt ihr denn, wie groß dies sei, wenn einer ohne Vermittlung schaut? Nun spricht unser Herr: »Über ein weniges oder ein kleines, und alsbald seht ihr mich nicht.« Alle Kreaturen, die Gott je erschaffen hat oder noch erschaffen könnte, wenn er es wollte, dies insgesamt ist ein Weniges oder ein Kleines gegenüber Gott. Der Himmel ist so groß und so weit, erklärte ich es euch denn, ihr glaubtet es nicht. Wer eine Nadel nähme und den Himmel mit der

Spitze berührte, so daß die Spitze der Nadel etwas vom Himmel erfaßte, dies [das Berührte] wäre – verglichen mit dem Himmel und dieser ganzen Welt – größer, als der Himmel und diese ganze Welt im Vergleich zu Gott ist. Deshalb ist dies sehr wohl gesprochen: »Über ein weniges oder ein kleines, und ihr seht mich nicht.« Solange an Kreatur noch etwas in dich leuchtet, so lange siehst du Gott nicht, wie klein dieses [Kreatürliche] sei. Darum spricht die Seele im Buch der Liebe: »Ich bin umhergelaufen und habe gesucht, den meine Seele da liebt, doch ich fand ihn nicht.« [Hld 3,2] Sie fand Engel und vielerlei an Dingen, aber sie fand nicht, den ihre Seele da liebt. Sie sprach: »Danach, als ich ein Weniges oder ein Kleines überhüpfte, da fand ich, den meine Seele da liebt« [Hld 3,4]; gerade als ob sie hätte sagen wollen: »Als ich alle Kreaturen, was ›ein Weniges oder ein Kleines‹ ist, überhüpfte, da fand ich, den meine Seele liebt.« Die Seele, die Gott finden soll, die muß alle Kreaturen überhüpfen und überspringen.

Nun müßt ihr wissen, daß Gott die Seele so stark liebt, daß es ein Wunder ist. Wer dies Gott nähme, so daß er die Seele nicht liebte, der entzöge ihm sein Leben und sein Sein, oder er tötete Gott, wenn man dies [so] sagen dürfte. Denn eben diese selbe Liebe, mit der Gott die Seele liebt, sie ist sein Leben, und diese selbe Liebe ist der Heilige Geist. Da Gott die Seele dermaßen stark liebt, so muß die Seele eine entsprechend große Sache sein.

Ein Meister spricht im Buch von der Seele: »Gäbe es kein Vermittelndes, dann nähme das Auge eine Ameise oder eine Mücke am Himmel wahr.« Und er hat Wahres ausgesagt, denn er meint das Feuer und den Wind und mancherlei, das zwischen dem Himmel und den Augen besteht. Ein anderer Meister spricht: »Gäbe es kein Vermittelndes, so sähe mein Auge nichts.« Sie haben beide recht.

Der erste spricht: »Gäbe es kein Vermittelndes, das Auge nähme eine Ameise am Himmel wahr.« Und er mutmaßt richtig. Gäbe es nämlich kein Mittelding zwischen Gott und der Seele, sähe sie Gott alsogleich, denn Gott kennt keinerlei Vermittelndes; er vermag auch nichts Vermittelndes zu ertragen. Wäre die Seele ganz und gar entblößt und enthüllt von allem Vermittelnden, so wäre Gott für sie entblößt und unverhüllt, und er gäbe sich ihr vollständig. Solange die Seele nicht entblößt und nicht enthüllt ist von allem Vermittelnden, wie geringfügig dies [auch] immer sei, so lange sieht sie Gott nicht. Und gäbe es etwas Vermittelndes zwischen Leib und Seele, so groß nur, wie ein Haar breit ist, dann gäbe es niemals eine richtige Einung. Wenn dies bei körperhaften Dingen so ist, um so viel mehr trifft dies bei geistigen Dingen zu. Boethius spricht: »Willst du die Wahrheit lauter erkennen, dann lege ab Freude und Pein, Furcht und Zuversicht oder Hoffnung.« Freude und Pein ist [je] ein Vermittelndes, [ebenso] Furcht und Zuversicht, dies alles ist ein Vermittelndes. Solange du es ansiehst und es hinwiederum dich ansieht, so lange siehst du Gott nicht.

Der andere Meister spricht: »Gäbe es keine Vermittlung, mein Auge sähe nichts.« Lege ich meine Hand auf mein Auge, dann sehe ich nichts von der Hand. Dies kommt von der Stofflichkeit, welche die Hand hat. Und daher muß diese geläutert und verfeinert werden durch die Luft und durch das Licht und als Bild in mein Auge gebracht werden. Dies nehmt wahr an dem Spiegel: Hältst du ihn vor dich hin, dann erscheint dein Bild in dem Spiegel. Das Auge und die Seele sind ein solcher Spiegel, so daß alles darin erscheint, was davorgehalten wird. Darum sehe ich nicht die Hand oder den Stein, vielmehr: Ich sehe ein Bild des Steines. Dieses Bild selbst jedoch, das sehe ich nicht in einem anderen Bild oder in einem Vermittelnden, vielmehr: Ich sehe es ohne Vermittlung und ohne Bild, denn das Bild ist das Vermittelnde und nicht ein anderes Mittelding. Und dies kommt daher: Dieses Bild ist nämlich ohne Bild und ein Laufen ohne Laufen; es verursacht wohl das Laufen. Und Größe ist ohne Größe, sie macht vielmehr groß. So auch gibt es ein Bild ohne Bild, denn es wird nicht in einem anderen Bilde gesehen. Das ewige Wort ist das Vermittelnde und das Bild selbst, das da ist ohne Vermittlung und ohne Bild, auf daß die Seele Gott in dem ewigen Wort erfasse und erkenne ohne Mittelding und ohne Bild.

Eine Kraft ist in der Seele, das ist Vernünftigkeit. Von Anfang an, sobald sie Gottes gewahr wird und [ihn] schmeckt, so hat sie fünf Eigenschaften an sich. Zum ersten, daß sie abscheidet vom Hier und vom Nun. Zum zweiten, daß sie nichts gleich ist. Zum dritten, daß sie lauter und unvermischt ist. Zum vierten, daß sie in sich selbst wirkend oder suchend ist. Zum fünften, daß sie ein Bild ist.

Das erste: Sie löst ab vom Hier und Nun. Hier und Nun, dies besagt soviel wie Ort und Zeit. Das Nun, dies ist das Allermindeste an Zeit; es ist weder ein Stück der Zeit noch ein Teil der Zeit. Es ist wohl ein Geschmack der Zeit und eine Spitze der Zeit und ein Ende der Zeit. Dennoch, wie klein es sei, es muß weg; alles, was die Zeit berührt oder den Geschmack der Zeit, das muß alles weg. Zum anderen: Sie scheidet ab vom Hier. Hier, das besagt soviel wie Stätte. Die Stelle, wo ich stehe, die ist gar klein. Wie klein immer sie sei, sie muß doch weg, soll man Gott sehen.

Das zweite: daß sie [die Kraft] nichts gleich ist. Ein Meister spricht: »Gott ist ein Sein, dem nichts gleich ist noch gleich zu werden vermag.« Nun spricht Sankt Johannes: »Wir werden Gottes Kinder genannt werden.« [1 Joh 3,1] Sollen wir denn Gottes Kinder sein, dann müssen wir ihm gleich sein. Wieso spricht denn der Meister: »Gott ist ein Wesen, dem nichts gleich ist.«? Dies ist so zu verstehen: Insofern dieser Kraft nichts gleich ist, insofern ist sie Gott gleich. Ganz so, wie Gott nichts gleich ist, ganz so ist auch dieser Kraft nichts gleich. Wisset, alle Kreaturen, die jagen und wirken von Natur aus zu dem Ende, daß sie Gott gleich werden. Der Himmel liefe niemals um, jagte oder suchte er nicht Gott oder ein Gleichnis Gottes. Wäre Gott nicht in allen Dingen, die Natur wirkte nichts oder begehrte nach nichts in irgendwelchen Dingen. Denn, es sei dir lieb oder leid, du wissest es oder wissest es nicht: Insgeheim nämlich sucht oder meint die Natur in dem Innersten Gott. Niemals würde es irgendeinen Menschen so sehr dürsten, der, reichte man ihm zu trinken, selbst dann nicht danach verlangte, wäre nicht etwas von Gott darin. Die Natur begehrte weder nach Essen noch nach Trinken, noch nach Kleidern, noch nach Behagen, noch nach irgend etwas in allen Dingen, wäre nichts von Gott darin. Sie sucht insgeheim und jagt und strebt immerfort danach, daß sie Gott darin finde.

Das dritte: daß sie [die Seele] lauter und unvermengt ist. Gottes Natur ist es, daß sie Beimengung oder Vermischung nicht zu dulden vermag. Also hat auch diese Kraft keine Beimengung noch Vermischung. Darin gibt es nichts Fremdes, noch vermag dahinein etwas Fremdes zu fallen. Sagte ich von einem schönen Menschen, daß er bleich oder schwarz sei, ich täte ihm Unrecht. Die Seele muß ganz und gar ohne Vermengung sein. Wer an meine Kapuze etwas heftete oder etwas daraufsetzte, zöge dann einer an meiner Kapuze, er zöge dies alles mit. Wenn ich von hier weggehe, dann geht alles mit mir, was an mir ist. Was da auf den Geist gestellt oder geheftet ist, zöge einer dies weg, der zöge den Geist damit weg. Der Mensch, der auf nichts gestellt wäre und an nichts haftete – kehrte dann [selbst] einer Himmel und Erde um –, er bliebe unbewegt, weil er an nichts haftete noch auch etwas an ihm haftete.

Das vierte: daß sie [die Vernunft, das Verstehen] beständig etwas sucht. Gott ist ein solches Wesen, das beständig im Allerinnersten wohnt. Darum ist Vernünftigkeit beständig inwendig suchend. Der Wille hingegen geht aus auf das, was er liebt. So auch: Kommt mein Freund zu mir, dann ergießt sich mein Wille mit seiner Liebe über ihn und findet dabei seine Befriedigung. Nun spricht Sankt Paulus: »Wir werden Gott erkennen, so wie wir von Gott erkannt sind.« [1 Kor 13,12] Sankt Johannes spricht: »Wir werden Gott erkennen, wie er ist.« [1 Joh 3,2] Soll ich eingefärbt werden, so muß ich [etwas] an mir haben, was zur Farbe gehört. Niemals werde ich gefärbt, ich habe denn das Wesen der Farbe an mir. Niemals vermag ich Gott zu schauen außer in demselben, in dem Gott sich schaut. Daher spricht Sankt Paulus: »Gott wohnt in einem Licht, zu dem es keinen Zugang gibt.« [1 Tim 6,16] Niemand verzage deswegen! Man befindet sich wohl auf einem Weg oder in einem Zugang, und das ist gut. Es ist aber der Wahrheit fern, denn dies ist nicht Gott.

Das fünfte: daß sie [die Vernünftigkeit] ein Bild ist. Wohlan! Nun gebt acht mit Fleiß, und behaltet dies gut. Die Predigt erfaßt ihr damit vollständig: Bild und Bild ist so sehr eins und miteinander, daß man da keinerlei Unterschied wahrzunehmen vermag. Man nimmt wohl das Feuer ohne die Hitze wahr und die Hitze ohne das Feuer. Man nimmt auch die Sonne ohne das Licht und das Licht ohne die Sonne wahr. Man vermag jedoch keinen Unterschied festzustellen zwischen Bild und Bild. Ich sage noch mehr: Gott mitsamt seiner Allmächtigkeit vermag da keinen Unterschied zu erkennen, denn es wird miteinander hervorgebracht und stirbt miteinander. Wenn mein Vater stirbt, deswegen sterbe ich nicht. Wenn er stirbt, dann vermag man nicht mehr zu sprechen: »Er ist sein Sohn«, man sagt wohl: »Er war sein Sohn.« Macht man die Wand weiß, dann ist diese dadurch, daß sie weiß ist, aller Weiße gleich. Seht, ebenso verhält es sich hier: Verginge das Bild, das nach Gott gebildet ist, dann verginge auch das Bild Gottes. Ich will ein Wort sprechen: Es sind ihrer [aber doch wohl] zwei oder drei. Nun hört mir gut zu! Vernünftigkeit – sie blickt hinein und durchbricht alle die Winkel der Gottheit und erfaßt den Sohn im Herzen des Vaters und im Grund und setzt ihn in ihren Grund. Vernünftigkeit – sie dringt ein; ihr genügt es nicht an der Güte noch an der Weisheit, noch an der Wahrheit, noch an Gott selbst. Ja, in guter Wahrheit! Ihr genügt es so wenig an Gott wie an einem Stein oder an einem Baum. Sie ruht niemals; sie bricht ein in den Grund, wo Güte und Wahrheit ausbrechen, und erfaßt es [das Sein] *in principio*, im Anbeginn, wo Güte und Wahrheit ihren Ausgang nehmen, ehe sie da irgendeinen Namen bekommen, ehe es ausbricht, in einem viel höheren Grund, als es Güte und Weisheit sind. Mehr noch: Ihrer Schwester, dem Willen, genügt es wohl an Gott, insofern er [Gott] *gut* ist. Vernünftigkeit aber, die scheidet dies alles ab und geht hinein und bricht durch in die Wurzel, wo der Sohn ausquillt und der Heilige Geist ausblühend ist.

Daß wir dies begreifen und ewiglich selig werden, dazu verhelfe uns der Vater und der Sohn und der Heilige Geist. Amen.

Predigt 71

Surrexit autem Saulus de terra apertisque oculis nihil videbat. – Saulus stand auf von der Erde, und mit offenen Augen sah er nichts. [Apg 9,8]

Dieses Wort, das ich in Latein gesprochen habe, das schreibt Sankt Lukas in der Apostelgeschichte von Sankt Paulus, und es lautet so: »Paulus stand auf von der Erde, und mit offenen Augen sah er nichts.«

Mich dünkt, daß dieses Wörtlein einen vierfachen Sinn habe. Der eine Sinn ist dieser: Als er aufstand von der Erde, sah er mit offenen Augen nichts, und dieses Nichts war Gott; denn als er Gott sah, ihn nannte er ein Nichts. Der zweite Sinn: Als er aufstand, da sah er nichts als Gott. Der dritte: In allen Dingen sah er nichts als Gott. Der vierte: Als er Gott sah, da sah er alle Dinge als ein Nichts.

Zuvor hat er [Lukas] berichtet, wie plötzlich ein Licht vom Himmel kam und ihn [Saulus, danach Paulus] niederschlug auf die Erde. Nun beachtet, daß er sagt, daß »ein Licht vom Himmel kam«. Es sprechen unsere besten Meister, daß der Himmel in sich selbst Licht habe, wenngleich er nicht leuchtet. Die Sonne hat auch Licht in sich selbst, sie jedoch leuchtet. Die Sterne haben auch Licht, wenngleich es ihnen vermittelt wird. Unsere Meister sprechen: »Das Feuer in seiner einfaltigen natürlichen Lauterkeit, in seiner obersten Stätte, da leuchtet es nicht. Seine Natur ist so lauter, daß es kein Auge in keinerlei Weise zu sehen vermag.« Es ist so fein geschaffen und für das Auge so fremdartig, stünde es hienieden vor dem Auge, dieses vermöchte es mit seiner Sehkraft nicht zu berühren.

Jedoch an einem fremden Ding, da sieht man es wohl, da, wo es an einem Holzstück oder an einer Kohle entzündet ist.

Durch das Licht des Himmels nehmen wir das Licht wahr, das Gott ist, jenes, das keines Menschen Sinn zu erreichen vermag. Daher spricht Sankt Paulus: »Gott wohnt in einem Lichte, zu dem niemand zu gelangen vermag.« [1 Tim 6,16] Er spricht: »Gott ist ein Licht, zu dem es keinen Zugang gibt.« Zu Gott gibt es keinen Zugang. Wer noch im Aufsteigen und Zunehmen an Gnade und an Licht begriffen ist, der gelangte niemals je in Gott. Gott ist nicht ein zunehmendes Licht: man muß mit dem Zunehmen hineingelangt sein. In dem Zunehmen sieht man nichts von Gott. Soll Gott gesehen werden, so muß es in einem Lichte geschehen, das Gott selbst ist: Ein Meister spricht: »In Gott gibt es weder weniger noch mehr, noch dies und das. Solange wir im Zugang sind, so lange gelangen wir nicht hinein.«

Nun spricht er [der Verfasser]: »Ein Licht vom Himmel umleuchtete ihn.« [Apg 9,3] Damit meint er: Was immer in seiner Seele etwas war, das wurde umfangen. Ein Meister spricht, daß in diesem Licht all die Kräfte der Seele aufhüpfen und sich emporheben in die äußeren Sinne, mit denen wir sehen und hören, und in die inneren Sinne, die wir Gedanken nennen: Wie weit immer diese sind und wie unergründlich, es ist ein Wunder. Ebensowohl gedenke ich, was jenseits des Meeres ist, als [wäre es] hier bei mir. Über die Gedanken hinaus geht Vernünftigkeit, insofern sie noch am Suchen ist. Sie geht ringsum hin und sucht; sie späht heimlich hierhin und dorthin, und ihr kommt etwas entgegen und geht [wiederum] weg. Oberhalb dieser Vernünftigkeit, die da suchend ist, da gibt es eine andere Vernünftigkeit, die da nicht suchend ist, die da im lauteren, einfaltigen Wesen steht, das da in diesem Licht umgriffen ist. Und ich spreche, daß sich in diesem Licht alle Kräfte der Seele erheben. Die Sinne springen auf in die Gedanken: wie hoch und wie unergründlich diese sind, das weiß niemand außer Gott und der Seele.

Es sprechen unsere Meister – und es ist eine schwierige Frage –, daß selbst die Engel die Gedanken nicht kennen. [Es sei denn,] diese brechen aus, und dann entspringen die Gedanken in die Vernünftigkeit, insofern die Vernünftigkeit eine suchende ist, und die Vernünftigkeit, die da eine suchende ist, sie entspringt in die Vernünftigkeit, die da nicht suchend ist, die da ein lauteres Licht in sich selbst ist. Dieses Licht begreift all die Kräfte der Seele in sich. Darum spricht er [der Verfasser]: »Das Licht des Himmels umschien ihn.«

Es spricht ein Meister: »Alle Dinge, die einen Ausfluß haben, die haben keinerlei Empfangen von den unteren Dingen.« Gott fließt in alle Kreaturen, und er bleibt dennoch unberührt von ihnen allen. Er bedarf ihrer nicht. Gott verleiht der Natur, daß sie wirke, und das erste Werk ist das Herz. Deswegen hielten einige Meister dafür, daß die Seele ganz und gar im Herzen sei und mit ihrem Leben ausfließe in die anderen Glieder. Dem ist nicht so. Die Seele ist in einem jeden Gliede vollständig. Es ist wohl wahr: Ihr erstes Werk ist im Herzen. Das Herz liegt mittendrin. Es will ringsum behütet sein, wie der Himmel keinerlei fremden Einfluß hat noch von irgend etwas etwas in Empfang nimmt. Er hat alle Dinge in sich; er berührt alle Dinge, während er [selbst] unberührt bleibt. Selbst das Feuer, wie hoch es sei in seiner höchsten Statt, es berührt dennoch den Himmel nicht.

In dieser Umleuchtung wurde er [Saulus, danach Paulus] auf die Erde geworfen, und seine Augen wurden ihm aufgeschlossen, so daß er mit offenen Augen sämtliche Dinge als Nichts ansah. Und da er alle Dinge als Nichts sah, da sah er Gott. Nun, paßt auf! Ein Wörtlein spricht die Seele im Buch der Liebe: »In meinem Bettlein habe ich gesucht die Nacht hindurch, den meine Seele liebt, und ich habe ihn nicht gefunden.« [Hld 3,1] Sie [die Seele] suchte ihn in dem Bettlein. Damit meint sie: Wer an etwas haftet oder hängt, das unterhalb Gottes ist, dessen Bett ist zu eng. Alles, was Gott zu schaffen vermag, das ist zu eng. Sie spricht: »Ich suchte ihn die ganze Nacht hindurch.« Es gibt keine Nacht, sie habe denn ein Licht: Dieses ist jedoch verdeckt. Die Sonne scheint in der Nacht, sie ist aber verdeckt. Tagsüber scheint sie, und sie verdeckt alle Lichter. Was immer wir suchen an den Kreaturen, dies alles ist Nacht. Ich meine [nun] dies: Alles, was wir an irgendeiner Kreatur suchen, dies alles ist Schatten und Nacht. Selbst noch das Licht des obersten Engels, wie hoch es sei, es rührt doch nicht an die Seele. Was nicht das erste Licht ist, das ist alles dunkel und Nacht. Daher findet sie [die Seele] Gott nicht. »Da stand ich auf und suchte ringsum und lief durch Weite und Enge. Da fanden mich die Wächter – dies waren die Engel –, und ich fragte sie, ob sie den nicht gesehen hätten, den meine Seele liebt.« [Hld 3,2] Doch sie schwiegen; vielleicht konnten sie ihn nicht benennen. »Als ich ein wenig weiterkam, da fand ich, den ich suchte.« [Hld 3,4] Das Wenige und das Kleine, das sie [die Seele] beirrte, so daß sie ihn nicht fand, davon habe ich schon öfters gesprochen: Wem alle vergänglichen

Dinge nicht geringfügig und wie ein Nichts sind, der findet Gott nicht. Deshalb sprach sie [die Seele]: »Als ich ein wenig weiterkam, da fand ich, den ich suchte.« Wenn Gott sich in die Seele »hineinbildet« und eingießt – begreifst du ihn dann als ein Licht oder ein Sein oder eine Gutheit, erkennst du doch nichts von ihm: dies ist nicht Gott. Seht, das »Kleine« soll man überspringen, und man soll alle Zulegungen wegnehmen und Gott erkennen als Eines. Deshalb spricht sie: »Da ich ein wenig weiterging, da fand ich, den meine Seele liebt.«

Wir sprechen sehr oft: »Den meine Seele liebt.« Warum sagt sie [die Seele]: »Den meine Seele liebt?« Nun ist dieser doch sehr weit oberhalb der Seele, und sie nannte ihn, den sie liebte, nicht. Es sind vier Ursachen, derentwegen sie ihn nicht nannte. Die eine Ursache ist die, daß Gott namenlos ist. Hätte sie ihm einen Namen geben wollen, das hätte bedacht werden müssen. Gott ist über allen Namen; niemand kann dazu gelangen, daß er Gott aussprechen könnte. Die zweite [Ursache], weshalb sie ihm keinen Namen gab, ist: Wenn die Seele ganz und gar aus Liebe in Gott verfließt, so weiß sie von nichts anderem als Liebe. Sie wähnt, daß ihn alle Leute erkennen wie sie. Sie wundert sich, daß jemand etwas anderes erkennt als Gott allein. Das dritte: Sie hatte nicht soviel Zeit, daß sie ihn nennen konnte. Sie kann sich von ihrer Liebe nicht so lange abkehren; sie vermag kein anderes Wort hervorzubringen als »Liebe«. Das vierte: daß sie vielleicht meinte, daß er keinen anderen Namen habe als »Liebe«; sie nennt alle Namen in der Liebe. Deshalb spricht sie: »Ich stand auf und ging durch Weite und Enge. Als ich ein wenig weiterkam, da fand ich ihn.«

»Paulus stand auf von der Erde, und mit offenen Augen

sah er nichts.« Ich vermag nicht zu sehen, was eins ist. Er sah nichts, das war Gott. Gott ist ein Nichts, und Gott ist ein Etwas. Was etwas ist, das ist auch nichts. Was Gott ist, das ist er ganz und gar. Daher sagt der erleuchtete Dionysius – wo er von Gott schreibt –, daher spricht er: »Er ist Über-Wesen, er ist Über-Leben, er ist Über-Licht.« Er legt ihm weder dies noch das zu, und er meint, er [Gott] sei ein Ich-weiß-nicht-was, das gar weit darüber sei. Wer etwas sieht oder [wenn] etwas in dein Erkennen fällt, dies ist nicht Gott; deshalb nicht, weil er weder dies noch das ist. Wer sagt, daß Gott hier oder dort ist, dem glaubt nicht. »Das Licht, das Gott ist, das leuchtet in der Finsternis.« [Joh 1,5] Gott ist ein wahres Licht; wer das sehen soll, der muß blind sein und muß Gott fernhalten von dem Etwas. Ein Meister spricht: »Wer von Gott redet in irgendeinem Gleichnis, der redet nicht in lauterer Weise von ihm.« Wer aber mit nichts von Gott redet, der redet eigentlich von ihm. Wenn die Seele in das Eine gelangt und sie da eintritt in einer lauteren Verwerfung ihrer selbst, dann findet sie Gott wie in einem Nichts. Es dünkte einen Menschen wie in einem Traum – es war ein Traum im Wachsein –, wie er schwanger würde vom Nichts wie eine Frau mit einem Kinde, und in diesem Nichts wurde Gott geboren. Er war die Frucht des Nichts. Gott wurde geboren in dem Nichts. Deshalb spricht er [der Verfasser]: »Er stand auf von der Erde, und mit offenen Augen sah er nichts.« Er sah Gott, wo alle Kreaturen nichts sind. Er sah alle Kreaturen als ein Nichts, denn er hat das Sein aller Kreaturen in sich. Er ist ein Sein, das alles Sein in sich hat.

Eine andere Sache meint er, wenn er [der Verfasser] spricht: »Er sah nichts.« Es sprechen unsere Meister: »Sobald einer etwas erkennt in äußerlichen Dingen, dann muß etwas hineinfallen, zum mindesten ein Eindruck.« Wenn ich ein Bild erfassen will von einem Ding, wie etwa von einem Steine, dann ziehe ich das Allergröbste in mich; dies ziehe ich auswendig ab. Wenn es aber im Grunde meiner Seele ist, dann ist es in dem Höchsten und Edelsten, dann ist es nichts als ein Bild. Damit, was meine Seele von außen her erkennt, damit fällt etwas Fremdes ein. Was ich an Kreaturen in Gott erkenne, damit fällt nichts ein außer Gott allein, denn in Gott ist nichts als Gott. Wenn ich alle Kreaturen in Gott erkenne, dann erkenne ich nichts. Er [Paulus] sah Gott da, wo alle Kreaturen nichts sind.

Zum dritten, warum er nichts sah: Nichts, dies war Gott. Ein Meister spricht: »Alle Kreaturen sind in Gott als ein Nichts, denn er hat das Sein aller Kreaturen in sich.« Er ist ein Sein, das alles Sein in sich hat. Ein Meister spricht, daß nichts unterhalb Gottes sei, wie nahe es immer bei ihm sei, da falle etwas Fremdes ein. Ein Meister spricht, der Engel erkenne sich selbst und Gott ohne Vermittelndes. Was anderes er [auch] erkennt, da fällt etwas Fremdes ein; dies ist immer ein Eindruck, wie fein [immer] er sei. Sollen wir Gott erkennen, [so] muß dies ohne Vermittelndes geschehen; da darf nichts Fremdes einfallen. Erkennen wir Gott in diesem Lichte, muß dieses zugehörig sein und nach innen ausgerichtet ohne jedes Einfallenlassen irgendwelcher geschaffener Dinge. Dann erkennen wir ewiges Leben ohne Vermittelndes.

»Als er nichts sah, da sah er Gott.« Das Licht, das Gott ist, das fließt aus und macht alles [andere] Licht finster. In diesem Licht, in welchem Paulus da sah, in diesem Licht sah er Gott, sonst nichts. Darüber spricht Hiob: »Er gebietet der

Sonne, daß sie nicht scheine, und er hat die Sterne unter sich beschlossen wie unter einem Siegel.« [Hiob 9,7] Dadurch, daß er [Paulus] umfangen war von jenem Lichte, dadurch sah er nichts weiter; denn was seiner Seele angehörte, dies war bekümmert und war beschäftigt mit dem Lichte, das Gott ist, so daß er nichts anderes wahrzunehmen vermochte. Und dies ist für uns eine gute Lehre; denn wenn wir mit Gott bekümmert sind, dann sind wir wenig bekümmert von außen her.

Das vierte, warum er [Paulus] nichts sah: Das Licht, das Gott ist, das hat keinerlei Beimischung, da fällt keinerlei Beimischung zu. Dies war ein Zeichen dafür, daß er jenes wahre Licht sah, das da nichts ist. Mit dem Lichte meint er [der Verfasser] nichts anderes, als daß er [Paulus] mit offenen Augen nichts sah. Dadurch, daß er nichts sah, dadurch sah er das göttliche Nichts. Sankt Augustinus spricht: »Als er nichts sah, da sah er Gott.« [Sankt Paulus sagt:] »Wer nichts sonst sieht und blind ist, der sieht Gott.« Daher spricht Sankt Augustinus: »Da es denn so ist, daß Gott ein wahres Licht ist und für die Seele ein Halt und er ihr näher ist, als die Seele sich selbst ist«, muß es denn notwendig so sein, daß, wenn die Seele abgekehrt ist von allen gewordenen Dingen, Gott in ihr glänzt und strahlt. Die Seele kann weder Liebe noch Angst haben, ohne zu wissen, woher. Wenn die Seele nicht ausgeht zu den äußeren Dingen, dann ist sie heimgelangt und wohnt sie in ihrem einfaltigen, lauteren Licht. Weder liebt sie da, noch hat sie Angst oder Furcht. Erkenntnis ist eine Grundfeste und ein Fundament allen Seins. Liebe vermag nirgendwo anders zu haften als in Erkenntnis.

Wenn die Seele blind ist und sonst nichts sieht, dann

sieht sie Gott, und dies muß notwendig so sein. Ein Meister spricht: »Das Auge in seiner größten Lauterkeit, wo es keine Farbe [in sich] hat, da sieht es alle Farbe.« Nicht nur da, wo es in sich selbst aller Farbe bloß ist, vielmehr: Auch da, wo es sich im Leibe befindet, muß es ohne Farbe sein, wenn man Farbe erkennen soll. Was da ohne Farbe ist, da(mit) sieht man alle Farbe, [und] wäre es selbst unten an den Füßen. Gott ist ein solches Sein, das alles Sein in sich trägt. Soll Gott der Seele bekannt werden, dann muß sie blind sein. Daher spricht er [Augustinus]: »Er sah« das »Nichts«, dessen Licht alles Licht, dessen Sein alles Sein ist.

Daher spricht die Braut im Buch der Liebe: »Als ich ein wenig weiterkam, da fand ich, den meine Seele liebt.« Das »Wenige«, über das sie hinauskam, das waren alle Kreaturen. Wer diese nicht zurückstößt, der findet Gott nicht. Sie meint auch: Wie fein, wie lauter das ist, wodurch ich Gott erkenne, es muß hinweg. Selbst noch das Licht, welches wahrhaftig Gott ist, begreife ich dies, insofern es meine Seele berührt, [so] ist dem unrecht: Ich muß es erfassen in dem, wo es ausbricht. Ich vermöchte das Licht nicht recht zu sehen, da, wo es an die Wand scheint, kehrte ich denn meine Augen nicht dahin, wo es ausbricht. Und selbst dann, wenn ich es da nehme, wo es ausbricht, muß ich eben dieses Ausbrechens noch beraubt werden: Ich muß es nehmen, wo es in sich selbst schwebend ist. Selbst dann noch, sage ich, ist dem unrecht: Ich muß es weder da nehmen, wo es berührend ist, noch da, wo es ausbrechend ist, noch in sich selbst schwebend, denn dies alles ist noch eine Weise. Gott aber muß man nehmen als Weise ohne Weise und [als] Sein ohne Sein [*wesen âne wesen*], denn er hat keine Weise. Daher spricht Sankt Bernhard:

»Wer dich, Gott, erkennen soll, der muß dich messen ohne Maß.«

Bitten wir unseren Herrn, daß wir in jene Erkenntnis gelangen, die ganz und gar ohne Weise und ohne Maß ist. Dazu verhelfe uns Gott. Amen.

Predigt 82

Quis, putas, puer iste exit? Etenim manus domini cum ipso est. – Was, meinst du, wird aus diesem Kinde werden? Die Hand Gottes nämlich ist mit ihm. [Lk 1,66]

An diesen Worten sollen wir drei Dinge beachten. Das erste: die Würde des Werkmeisters, wenn er [der Evangelist Lukas] spricht: »Gottes Hand ist mit ihm.« »Die Hand Gottes» bedeutet den Heiligen Geist aufgrund von zweierlei. Zum ersten: weil man mit der Hand die Werke verrichtet. Zum zweiten: weil sie mit dem Leib und mit dem Arm eins ist; denn all die Werke, die der Mensch mit der Hand wirkt, die entspringen im Herzen und schreiten weiter in die Glieder und werden vollbracht durch die Hand. Darum kann man aus jenen Worten die Heilige Dreifaltigkeit erkennen: den Vater am Herzen und am Leibe. So, wie das Sein der Seele allermeist im Herzen liegt, obwohl sie in allen Gliedern vollkommen ist – und ebenso vollkommen in den kleinsten wie in den größten –, ist ihr Wesen und der Ursprung ihrer Werke dennoch am allermeisten im Herzen. So auch ist der Vater ein Anfang und ein Ursprung aller göttlichen Werke. Der Sohn aber ist bezeichnet mit dem Arm, wie da geschrieben steht im »Magnificat« [Lobgesang Marias], daß »er [Gott] seine Gewalt durch den Arm vollbracht hat«. [Lk 1,51] Und so schreitet die göttliche Kraft weiter voran vom Leib und vom Arm in die Hand, womit der Heilige Geist bezeichnet wird. Denn ebenso wie die Seele eingewickelt ist in den Leib und in materielle Dinge, so müssen diese, was man ihr an geistigen Dingen erklären soll, in materielle Dinge eingewickelt sein, soll sie [die Seele] sie erkennen.

Darum muß man den Heiligen Geist [auch] als »die Hand« bezeichnen, die dieses Werk gewirkt hat an diesem »Kinde«.

Zum ersten: daß wir [nun] beachten, wie der Mensch sein soll, in dem Gott sein Werk wirkt. Wenn er [der Evangelist Lukas] ein »Kind« sagt, bedeutet dies soviel wie »eine durchsichtige Luft« oder etwas, das ohne Flecken ist. So auch soll die Seele lauter und rein sein, wenn der Heilige Geist in ihr wirken soll. Ein weiser Meister spricht: »Die ewige Weisheit ist verhaftet in Sion, und ihre Ruhe wird in der lauteren Stadt sein.« [Sir 24,15] »Sion« bedeutet soviel wie »eine Anhöhe« oder »eine Warte«. So auch muß die Seele erhöht sein über alle vergänglichen Dinge. Zum zweiten soll sie abgezogen sein von vergänglichen und wandelbaren Dingen. Zum dritten soll sie vor zukünftigen Behinderungen auf der Hut sein.

Das zweite: daß wir die Wirkung des Heiligen Geistes in der Seele wahrnehmen. Niemand vermag mit Lust zu wirken, er finde denn Gleichheit mit sich in jenem, worin er wirkt. Sollte ich einen Menschen leiten, stellte er nicht Gleichheit mit mir in sich fest, er würde mir niemals mit Lust folgen; denn niemals wird irgendeine Bewegung oder ein Werk lustvoll gewirkt ohne Gleichheit. Ebenso steht es um all jene, die Gott folgen; denn alle Leute müssen Gott folgen, ob sie wollen oder nicht wollen. Folgen sie ihm willig, dann ist dies lustvoll; folgen sie ihm aber widerwillig, dann ist es peinvoll für sie und bringt ihnen nur Schmerzen ein. Darum hat Gott aus Zuneigung und aus Liebe, die er zu der Seele hat – darum hat er ihr denn ein göttliches Licht verliehen seit der Zeit, als sie erschaffen wurde, in Hinblick darauf, daß er in seinem »Gleichbild« [*in sîn selbes glichnisse*] lustvoll wirken könne.

Nun vermag keine Kreatur über das hinaus zu wirken, was sie in sich selbst hat. Deshalb vermag die Seele nicht über sich hinaus zu wirken mit dem Lichte, das Gott ihr gegeben hat, denn es gehört ihr zu eigen, und Gott hat es ihr als eine Morgengabe in die oberste Kraft der Seele gegeben. Wiewohl dieses Licht Gottes »Gleichbild« ist, so ist es dennoch geschaffen von Gott, denn der Schöpfer ist eines, und das Licht ist ein anderes, und es ist eine Kreatur; denn ehe Gott irgendeine Kreatur erschuf, da war Gott und weder Licht noch Finsternis. Gott kommt darum mit der Liebe zu der Seele, damit sie die Seele erhebe, damit sie über sich selbst hinaus zu wirken vermöge. Nun vermag es Liebe nicht zu geben, sie finde denn Gleichheit oder mache gleich. Insoweit Gott Gleichheit findet in der Seele, insoweit wirkt Gott mit der Liebe oberhalb [über] der Seele. Da Gott endlos ist, darum soll die Liebe endlos sein. Lebte ein Mensch tausend Jahre oder länger, er vermöchte zuzunehmen an Liebe, wie man es am Feuer erkennen kann, solange es nämlich Holz hat, so lange wirkt das Feuer. Je nachdem, wie groß das Feuer ist und wie stark der Wind weht, entsprechend groß ist das Feuer. Darum verstehen wir unter dem Feuer die Liebe und den Heiligen Geist unter dem Winde beim Wirken des Heiligen Geistes in der Seele. Je größer die Liebe ist in der Seele und je mehr der Heilige Geist weht, um so vollkommener ist das Feuer, jedoch nicht plötzlich, sondern allmählich mit dem Zunehmen der Seele; denn würde der Mensch gänzlich verbrennen, wäre dies nicht gut. Darum weht der Heilige Geist allmählich, damit der Mensch, lebte er denn tausend Jahre lang, an Liebe zuzunehmen vermöchte.

Zum dritten soll man an jenen Worten das wunderbare

Werk wahrnehmen, das Gott in der Seele wirkt, wenn er spricht: »Was wunders soll aus diesem Kinde werden?« Es muß so sein, daß ein jegliches Werkzeug so weit reiche, wie der Werkmeister wirkt, wenn das Werk vollkommen sein soll. Der Mensch ist nämlich ein Werkzeug Gottes, und der Edelkeit des Werkmeisters entsprechend wirkt das Werkzeug. Darum genügt es der Seele nicht, daß der Heilige Geist in ihr wirke, denn er ist nicht ihre Natur, doch wie ich öfters schon gesagt habe: Er hat ihr ein göttliches Licht gegeben, das ihm gleich ist und soviel wie seine Natur. Und er hat es der Seele zu eigen gegeben, damit es ein Stück der Seele sei, damit er lustvoll in ihr zu wirken vermöge – wie man am Licht erkennen kann, das da entsprechend der Edelkeit der Materie wirkt, auf die es fällt. Am Holz wirkt es [das Licht] das ihm selbst eigene Werk, das sind Hitze und Feuer; an Bäumen und an feuchten Dingen bewirkt es das Wachstum, jedoch weder Hitze noch das ihm eigene Werk, sondern daß sie grünen und Frucht bringen. An lebendigen Kreaturen bewirkt es Leben aus toten Dingen, wie beim Schaf, das da Gras frißt, und daraus entsteht ein Auge oder ein Ohr [des Schafs]. Im Menschen bewirkt es Seligkeit. Dies kommt von der Gnade Gottes: Sie erhebt die Seele hinauf zu Gott und vereint sie mit ihm und macht sie Gott gemäß gestaltet [gottförmig]. Soll die Seele göttlich sein, so muß sie emporgehoben sein. Sollte ein Mensch bis hinauf auf einen Turm reichen, dann müßte er so hoch erhoben werden, wie der Turm [hoch] ist: Genauso muß die Gnade die Seele in Gott erheben. Das Werk der Gnade besteht darin, daß sie zieht und bis ans Ende zieht, und wer ihr nicht folgt, der wird unselig. Dennoch genügt der Seele am Werk der Gnade nicht – denn diese ist eine Kreatur –, sie [die Seele] gelange denn dorthin, wo Gott in seiner ihm eigenen Natur wirkt, wo der Werkmeister entsprechend der Edelkeit seines Werkzeugs wirkt – das heißt: in seiner ihm eigenen Natur –, wo das Werk so edel ist wie der Werkmeister und wo der, der sich ergießt, und das Ergossene völlig eins ist. Sankt Dionysius spricht, daß sich die obersten Dinge in die untersten und die untersten in die obersten ergießen und sich in den obersten vereinen. So auch wird die Seele vereint mit Gott und umschlossen, und da entgleitet ihr die Gnade, so daß sie nicht weiterhin mit der Gnade wirkt, [sondern] vielmehr göttlich in Gott. Da wird die Seele wunderlich bezaubert und kommt von sich selbst – wie wenn einer einen Tropfen Wasser in eine Bütte voller Wein gösse –, so daß sie von sich selbst nichts mehr weiß, und sie glaubt, sie sei Gott, worüber ich euch ein Geschichtchen erzählen will: »Ein Kardinal fragte Sankt Bernhard: ›Warum soll ich Gott lieben und auf welche Weise?‹ Da sprach Sankt Bernhard: ›Das will ich Euch sagen: Gott ist der Grund, warum man lieben soll. Die Weise ist ohne Weise.‹« Denn Gott ist nicht(s). Nicht derart, daß er ohne Sein wäre: Er ist weder dies noch das, das man auszusagen vermag; er ist ein Sein über allem Sein. Er ist ein seinsloses Sein [*wesen weselôs*]. Darum muß die Weise weiselos sein, mit der man ihn lieben soll. Er ist über jeglichem Aussagen.

Daß wir zu dieser vollkommenen Liebe gelangen, dazu verhelfe uns Gott. Amen.

Predigt 86

Intravit Iesus in quoddam castellum etc. – Jesus trat ein in ein Burgstädtlein usw. [Lk 10,38 ff.]

Sankt Lukas schreibt im Evangelium, daß unser Herr Jesus Christus in ein kleines Städtchen ging; dort empfing ihn eine Frau, die Martha hieß. Sie hatte eine Schwester, die hieß Maria. Diese saß zu den Füßen unseres Herrn und hörte auf seine Worte. Martha aber ging umher und diente dem lieben Christus.

Drei Dinge ließen Maria zu den Füßen Christi sitzen. Das eine war, daß die Güte Gottes ihre Seele umfangen hielt. Das zweite war ein unaussprechliches Verlangen: sie sehnte sich, sie wußte nicht, wonach, und wollte, sie wußte nicht, was. Das dritte war der süße Trost und die Wonne, die sie aus den ewigen Worten schöpfte, die da aus dem Munde Christi rannen.

Martha bewegten ebenfalls drei Dinge, die sie umhergehen und dem lieben Christus dienen ließen. Das eine war ein gereiftes Alter und ein gut geübter Grund bis in das Allertiefste; darum dünkte sie, daß das Werk niemandem so wohl anstünde wie ihr. Das zweite war eine weise Besonnenheit, die das äußere Werk gut auszurichten verstand auf das Allerhöchste, was die Liebe gebietet. Das dritte war die hohe Würde des lieben Gastes.

Die Meister sprechen, daß Gott einem jeglichen Menschen bereitstünde für sein geistiges und sein sinnenhaftes Genügen bis auf das Höchste, das er begehrt. Daß uns Gott zufriedenstelle gemäß der Verständigkeit und daß er uns auch zufriedenstelle gemäß der Sinnenhaftigkeit, dies kann man an den lieben Gottesfreunden erkennen. Zufriedengestelltsein entsprechend der Sinnenhaftigkeit, dies besteht darin, daß Gott uns Trost gibt, Lust und Genügen; jedoch diesbezüglich verwöhnt zu sein, dies geht den lieben Gottesfreunden hinsichtlich der niederen Sinne ab. Vernunftgemäße Befriedigung aber, diese richtet sich nach dem Geiste. Ich nenne dies vernunftgemäßes Genügen: wenn das oberste Spitzlein [*wipfelin*] der Seele durch die ganze Wonne nicht herabgeneigt wird, damit es nicht ertrinke im Wohlgefühl, vielmehr gewalthabend darüber stehe. Dann ist er [der Mensch] in einer der Vernunft entsprechenden Befriedigung, wenn Liebe und Leid der Kreatur das oberste Spitzlein nicht herabzubeugen vermögen. »Kreatur« nenne ich alles, was man unterhalb Gottes wahrnimmt und sieht.

Nun spricht Martha: »Herr, gebiete, daß sie [Maria] mir helfe!« Dies sprach Martha nicht aus Feindseligkeit, vielmehr: Sie sprach es aus einer Gewogenheit in Liebe, durch die sie [eben dazu] gedrängt wurde. Wir wollen es eine »Liebesbezeugung« [*minnegunst*] oder eine »Liebesneckerei« [*minneschimpf*] nennen! Wieso? Gebt acht! Sie bemerkte, daß Maria von Lust zur Befriedigung ihrer ganzen Seele umfangen war. Martha kannte Maria besser als Maria Martha, weil sie lange und gut gelebt hatte; denn das Leben gewährt das edelste Erkennen. Besser als Lust und Licht läßt das Leben alles erkennen, was man in diesem Leib unterhalb Gottes erfahren mag, und in mancher Beziehung erkennt das Leben lauterer, als es das ewige Licht zu schenken vermag. Das ewige Licht gibt sich selbst zu erkennen *und* Gott, nicht aber sich selbst *ohne* Gott. Wo es [das Leben] allein sich selbst erkennt, da bemerkt es das besser, was gleich oder ungleich ist. Dies bezeugen Sankt Paulus und auch die heidnischen Meister. Sankt Paulus sah in seiner Verzückung Gott und sich selber – der geistigen (Erkenntnis-)Weise entsprechend – in Gott; und doch erkannte er in ihm [Gott] nicht – der bildhaften (Erkenntnis-)Weise entsprechend – die einzelnen Tugenden auf das genaueste. Und das kam daher, weil er sie in Werken nicht geübt hatte. Die Meister gelangten durch Übung der Tugenden zu so hoher Erkenntnis, daß sie eine jegliche Tugend in bildhafter Weise genauer kannten als Paulus oder irgendein Heiliger in seiner ersten Entrückung.

So auch stand es mit Martha. Daher sprach sie: »Herr, gebiete, daß sie mir helfe«, als ob sie sagen wollte: »Meiner Schwester kommt es so vor, sie vermöge, was immer sie wolle, während sie [doch] bei dir im Troste sitzt. Nun lasse sie es zeigen, ob es so sei, und heiße sie aufstehen und von dir weggehen!« Zum anderen war dies eine zärtliche Zuwendung, auch wenn sie es nicht in dieser Bedeutung aussprach. Maria war so voller Verlangen! Sie sehnte sich, sie wußte nicht, wonach, und wollte, sie wußte nicht, was. Wir haben sie, die liebe Maria, im Verdacht, sie sitze da viel eher ihrer Lust wegen und nicht um eines einsichtigen Nutzens willen. Daher sprach Martha: »Herr, heiße sie aufstehen!« Denn sie befürchtete, daß jene in dem Wohlgefühl aufgehe und nicht darüber hinaus käme. Da antwortete ihr Christus und sprach: »Martha, Martha, du machst dir Sorgen um vieles. Des Einen ist not! Maria hat den besten Teil erwählt, der ihr niemals mehr genommen werden kann.« [Lk 10,41 f.] Dieses Wort sprach Christus nicht in tadelnder Absicht zu Martha, vielmehr: Er antwortete ihr und gab ihr Trost, daß Maria werden würde, wie sie es wünschte.

Warum sprach Christus: »Martha, Martha« und nannte

sie zweimal? Isidorus spricht: »Es steht außer Zweifel, daß Gott vor der Zeit, da er Mensch wurde, und nach der Zeit, da er Mensch wurde, nie einen Menschen je mit Namen genannt hat, von denen irgendeiner [der Menschen] je verlorengegangen wäre. Die er nicht mit Namen nannte, um die steht es zweifelhaft.« Als ein »Beim-Namen-Nennen-Christi« bezeichne ich sein ewiges Wissen, das untrügliche, ewiglich schon vor der Schöpfung aller Kreaturen Eingetragensein im lebendigen Buche »Vater-Sohn-und-Heiliger-Geist«. Was mit Namen darin genannt war und welchen Namen Christus in Worten ausgesprochen hat, von diesen Menschen ging keiner je verloren. Dies bezeugt Moses, zu dem Gott selbst sprach: »Ich habe dich mit Namen erkannt« [Ex 33,12], und Nathanael, zu dem der liebe Christus sprach: »Ich erkannte dich, als du unter den Blättern des Feigenbaumes lagest.« [Joh 1,50] Der Feigenbaum bezeichnet Gott, in dem sein [Nathanaels] Name ewiglich eingeschrieben war. Und also ist es erwiesen, daß noch keiner der Menschen verlorenging oder verlorengehen wird, den der liebe Christus mit menschlichem Mund aus dem ewigen Worte je nannte.

Warum nannte er Martha zweimal? Er hatte im Sinne, daß Martha alles, was es an zeitlichem und ewigem Gut gäbe und das Kreaturen besitzen sollten, daß Martha dies alles vollständig habe. Beim ersten Mal, als er sprach: »Martha«, bezeichnete er damit ihre Vollkommenheit an zeitlichen Werken. Beim zweiten Mal, als er sprach: »Martha«, damit bedeutete er, daß alles, was da zur ewigen Seligkeit gehört, daß ihr davon nichts abging. Daher sprach er: »Du bist sorgsam« und meinte: »Du stehst bei den Dingen, aber die Dinge stehen nicht in dir«; auch die [nämlich] sind in

Sorgen, die bei all ihrem Wirken ohne Behinderungen stehen. Diejenigen stehen ohne Hindernisse, die all ihre Werke der Ordnung gemäß nach dem Bilde des ewigen Lichtes ausrichten. Und diese Leute stehen bei den Dingen und nicht in den Dingen. Sie stehen ganz nahe und haben deswegen [doch] nicht weniger, als wenn sie dort oben am Umkreis der Ewigkeit stünden. »Ganz nahe«, sage ich, denn alle Kreaturen – sie vermitteln. Vermittelndes ist zweifach. Das eine ist jenes, ohne welches ich nicht zu Gott zu gelangen vermag: Es ist Werk und Betätigung in der Zeit; dieses vermindert jedoch die Glückseligkeit nicht. »Werk« heißt dies, wenn man sich übt nach außen hin in Werken der Tugenden; »Betätigung« heißt dies, wenn man sich mit verständiger Umsicht von innen her übt. Das andere Vermittelnde ist dieses: dieses ersten [Vermittelnden] entledigt [*blôz*] zu sein. Dazu nämlich sind wir in die Zeit gestellt, daß wir durch verständiges Tätigsein Gott näher kommen und ähnlicher werden. Dies meinte auch Sankt Paulus, wenn er sprach: »Löst die Zeit aus, die Tage sind übel.« [Eph 5,16] »Die Zeit auslösen« bedeutet, daß man ohne Unterlaß durch Vernünftigkeit aufsteige in Gott, nicht gemäß bildlicher Unterschiedenheit, vielmehr durch vernunfthafte, dem Leben gemäße Wahrheit. Und »die Tage sind übel«, dies habt ihr so zu verstehen: »Tag« weist auf Nacht hin. Gäbe es keine Nacht, dann gäbe es keinen Tag, und er hieße nicht Tag, denn es wäre alles ein einziges Licht. Und dies meint Paulus; denn ein lichtes Leben, neben dem Finsternis noch zu bestehen vermag, die einem herrlichen Geist die ewige Glückseligkeit verschleiert und beschattet, dies ist allzu gering. Das meinte auch Christus, als er sprach: »Gehet voran, solange ihr das Licht habt!« [Joh 12,3] Denn wer da wirkt im Licht, der steigt auf in Gott, frei und bloß alles Vermittelnden: Sein Licht ist seine Betätigung, und seine Betätigung ist sein Licht.

Genauso stand es mit der lieben Martha. Daher sprach er [Christus] zu ihr: »Des Einen ist not!«, nicht zwei. Ich und du, einmal umfangen mit ewigem Lichte, ist Eines. Und »Zwei-Eines« ist ein brennender Geist, der da oberhalb aller Dinge steht und unterhalb Gottes am Umkreis der Ewigkeit. Ein solcher ist zwei, denn ohne Mittel sieht er Gott nicht. Sein Erkennen und sein Sein oder sein Erkennen und auch sein Erkenntnisbild, die werden niemals eins. Sie schauen Gott nicht – denn, frei von allen Bildern, da [erst] wird Gott geistig geschaut. Eines wird Zwei, Zwei ist Eines: Licht und Geist, diese Zwei ist Eines im Umfangensein des ewigen Lichtes.

Nun gib acht, was der Umkreis der Ewigkeit sei! Die Seele hat drei Wege zu Gott. Der eine ist der: mit brennender Liebe Gott in allen Kreaturen zu suchen. Dies meinte König Salomon, als er sprach: »In allen Dingen habe ich Ruhe gesucht.« [Sir 24,11]

Der zweite Weg ist ein Weg ohne Weg, frei und dennoch gebunden, erhaben und entrückt weit über sich hinaus und über alle Dinge, ohne Wollen und ohne Bild, wiewohl solches doch noch keinen wesenhaften Bestand hat. Das meinte Christus, als er sprach: »Selig bist du, Petrus! Fleisch und Blut erleuchten dich nicht; vielmehr das ›In-die-Vernunft-Erhobensein‹, in dem du zu mir sprichst ›Gott‹. Mein himmlischer Vater hat es dir geoffenbart.« [Mt 15,17] Sankt Peter schaute Gott nicht unverhüllt [*blôz*]. Er war aber doch wohl über alle erschaffene Vernünftigkeit durch die Kraft des himmlischen Vaters entrückt worden an den Umkreis der Ewigkeit. Ich sage, daß er umgriffen wurde vom himmlischen Vater in einem liebevollen Umfangen mit stürmischer Kraft, ohne [eigenes] Wissen – in einem hinaufstarrenden Geiste, der entrückt ist über alle Vernünftigkeit in die Vermögenheit des himmlischen Vaters. Da wurde in Sankt Petrus von oben hernieder mit einem süßen erschaffenen Tone eingesprochen, entblößt jedoch von allem leiblichen Empfinden, in der einfaltigen Wahrheit Gottes und des Menschen in der Einheit der Person des himmlischen Vater-Sohnes. Ich spreche kühn: Hätte Sankt Peter Gott ohne Vermittlung in dessen [Gottes eigener] Natur geschaut, wie er es danach tat und wie Paulus, als dieser in den dritten Himmel entrückt wurde, ihm wäre die Sprechweise des obersten Engels allzu grob vorgekommen. So aber redete er mancherlei liebevolle Worte, deren der liebe Jesus nicht bedurft hätte, denn *er* sieht in den Grund des Herzens und des Geistes, da er ohne jedes Vermittelnde vor Gott in der Freiheit wahrer Ihrheit steht. Dies meinte Sankt Paulus, als er sprach: »Es wurde ein Mensch entrückt in Gott und vernahm geheimnisvolle Worte, die für alle Menschen unaussprechlich sind.« [2 Kor 12,2–4] Daraus sollt ihr entnehmen, daß Sankt Peter am Umkreis der Ewigkeit stand und er Gott nicht in der Einheit der ihm eigenen Seinsheit schaute.

Der dritte Weg heißt [zwar] Weg, ist aber dennoch ein Zuhause. Dies bedeutet: Gott schauen ohne Vermittelndes in seiner Seinsheit. Nun spricht der liebe Christus: »Ich bin der Weg und die Wahrheit und das Leben« [Joh 4,6]; ein Christus – eine Person, ein Christus – ein Vater, ein Christus – ein Geist, drei-eins, dreifach »Weg, Wahrheit und Leben«. Einer: der liebe Christus, in dem dies alles ist. Außerhalb dieses Weges bilden alle Kreaturen einen Ring, und sie vermitteln. Auf diesem Weg in Gott geleitet [werden] durch das Licht seines Wortes und umfangen sein von der Liebe des Geistes ihrer beider: dies ist über allem, was man in Worten auszudrücken vermag.

Nun vernimm Wunderbares! Welch ein verwunderliches Draußenstehen und Drinnensein, Begreifen und Umgriffenwerden, Schauen und das Geschaute selbst sein, Halten und Gehaltenwerden! Dies ist das letzte Ziel, wo der Geist in der Einheit mit der lieben Ewigkeit in Ruhe verbleibt.

Jetzt kehren wir wieder zu unseren Ausführungen zurück, wie die liebe Martha und mit ihr alle Gottesfreunde *mit* der Sorge, nicht *in* der Sorge aushalten, und dabei ist das zeitliche Werk ebenso edel wie irgendein Sich-Hineinfügen in Gott. Denn es fügt [sie] ebenso tief hinein wie das Höchste, das uns zuteil werden vermag, ausgenommen einzig die Anschauung Gottes in dessen unverhüllter Natur. Daher spricht er [Christus]: »Du stehst bei den Dingen und bei der Sorge.« Und er meint damit, daß sie [Martha] wohl in den niederen Sinnen betrübt und bekümmert war; denn sie war durch Geistessüße nicht so sehr verwöhnt. Sie stand zwar *bei* den Dingen, nicht aber *in* den Dingen; sie stand für sich gesondert, und diese [standen] abgesondert.

Drei Dinge müssen wir beachten in unseren Werken. Das ist, daß man ordnungsgemäß und verständig und überlegt wirke. Dies nenne ich ordnungsgemäß, was dem Höchsten in allen Belangen entspricht. Ebenso nenne ich dies verständig, was man in der Zeit als das Beste erkennt. Ferner nenne ich dies überlegt, was man an lebensgemäßer Wahrheit in lustvoller Gegenwärtigkeit bei guten Werken wahrnimmt. Wo diese drei Dinge zutreffen, da verbinden sie ebenso vollkommen und sind sie ebenso förderlich wie die ganze Wonne Maria Magdalenas in der Wüste.

Nun spricht Christus: »Du bist betrübt um Vieles«, nicht um Eines. Das heißt: Wenn sie [Martha] lauter-einfaltig ohne alle Geschäftigkeit steht, aufwärts gerichtet an den Umkreis der Ewigkeit, dann wird sie betrübt – wenn sie durch Dinge vermittelt wird, so daß sie nicht mit Lust dort oben zu stehen vermag. Der Mensch wird durch eine Angelegenheit betrübt, in der er versinkt und mit Sorge steht. Martha aber stand in stattlicher, wohl gefestigter Tugend und mit einem freien Gemüt, unbehindert von jeglichen Dingen. Daher wünschte sie, daß ihre Schwester in eben diesen Zustand versetzt würde; denn sie sah, daß diese nicht wesentlich dastand. Es war ein vornehmer Grund, aus dem heraus sie wünschte, daß jene in all dem stünde, was da zur ewigen Glückseligkeit gehört. Darum spricht Christus: »Eines tut not!«

Was ist dies? Dies ist das Eine, das Gott ist – es tut allen Kreaturen not. Denn zöge Gott das Seine an sich, alle Kreaturen würden zunichte. Zöge Gott das Seine von der Seele Christi, da, wo ihr Geist in der ewigen Person geeinigt ist, Christus verbliebe eine bloße Kreatur. Darum bedarf man des Einen wohl.

Martha befürchtete, daß ihre Schwester steckenbleibe in der Wonne und in der Süße, und sie wünschte, daß jene wie sie würde. Darum sprach Christus, als ob er sagen wollte: »Gehab dich wohl, Martha! ›Sie hat den besten Teil erwählt‹; dieses da wird [von ihr] abfallen. Das Beste, was einer Kreatur zukommen kann, das soll sie bekommen: Sie wird selig werden wie du.«

Nun begreifet diese Lehre über die Tugenden! Im tugendhaften Leben gibt es drei Punkte im Hinblick auf den Willen. Das eine ist dies: den Willen aufgeben in Gott. Denn das muß sein, damit man das vollbringe, was man erkennt, es bestehe denn im Ablegen oder im Aufnehmen. Es gibt dreierlei Willen. Der erste ist ein sinnenhafter Wille, der zweite ist ein vernunftgemäßer Wille, der dritte ein ewiger Wille. Der sinnenhafte Wille verlangt nach Belehrung, daß man wahrhafte Lehrer anhöre. Der vernunftgemäße Wille besteht darin, daß man seine Fußstapfen in alle Werke Jesu Christi und der Heiligen setze; das heißt: daß man das Wort, den Lebenswandel und die Tätigkeit dementsprechend ausrichte und auf das Höchste hinordne. Wenn dies alles erfüllt ist, dann gibt Gott etwas Weiteres in den Grund der Seele. Dies ist: der ewige Wille mit dem liebevollen Auftrag des Heiligen Geistes. Dann sagt die Seele: »Herr, sprich mir ein, was dein ewiger Wille sei!« Wenn sie dann allem derart nachgekommen ist, was wir vorhin besprochen haben, gefällt es Gott wohl, dann spricht der liebe Vater sein ewiges Wort in die Seele.

Nun sagen unsere guten Leute, man müsse so vollkommen werden, daß uns keinerlei Vorliebe zu bewegen vermöge und daß man unberührbar sei von Liebe und von Leid. Sie haben diesbezüglich unrecht. Ich spreche, daß es nie einen so erhabenen Heiligen gab, daß er nicht hätte bewegt werden können. Allerdings spreche ich dagegen auch: Es wird Heiligen in diesem Leben so wohl, daß sie überhaupt nichts von Gott abzubringen vermag. Ihr meint, solange euch Worte zu Liebe oder Leid bewegen vermögen, so lange wäret ihr unvollkommen. Dem ist nicht so! [Selbst] Christus war dies nicht zu eigen. Er bewies es, als er sprach:

»Meine Seele ist betrübt bis auf den Tod.« [Mt 26,38] Christus taten Worte so weh! Und wäre das Weh aller Kreaturen auf eine einzige Kreatur gefallen, es wäre nicht so groß gewesen, wie das Weh Christi war. Und dies kam vom Adel seiner Natur und von der heiligen Vereinigung göttlicher und menschlicher Natur [in ihm]. Darum spreche ich: daß es [solche] Heilige nie gab, noch einer es je erreichen könnte, daß Pein ihm nicht weh und Liebe ihm nicht wohltäte. Dies kommt durch Zuneigung und Liebe und Gnade manchmal vor: Käme einer und spräche, er sei ein Ketzer oder wie man wollte, wäre dieser Mensch dann mit der Gnade übergossen, dann stünde er gleichmütig in Liebe und in Leid. Heiligen kommt es hingegen gewiß zu, daß sie überhaupt gar nichts von Gott abzubringen vermag, wenngleich das Herz gepeinigt ist, daß doch – während der Mensch nicht in der Gnade steht – der Wille einfaltig in Gott festbleibt, indem er [der Mensch] spricht: »Herr, ich dir und du mir.« Was immer ihn [solch einen Menschen] ankommt, dies verhindert die ewige Glückseligkeit nicht, solange es nicht in das oberste Wipfelchen des Geistes einfällt, dort oben, wo er in der Einheit mit dem allerliebsten Willen Gottes steht.

Nun spricht Christus: »Wegen vieler Sorgen wirst du betrübt.« Martha war so wesenhaft, daß sie ihre Tätigkeit nicht behinderte; Werk und Tätigkeit führten sie zur ewigen Glückseligkeit. Sie wurde wohl irgendwie vermittelt: Es steuerten sie wohl ihre edle Natur und stete Aufmerksamkeit und die vorgenannte Tugend.

Maria muß zuerst Martha gewesen sein, bevor sie Maria wird. Denn als sie zu Füßen unseres Herrn saß, da war sie nicht Maria. Sie war es wohl dem Namen nach, sie war es aber nicht gemäß ihrem Wesen; denn sie saß mit Lust und mit Süße und war vorerst in die Schule gesetzt und lernte erst zu leben. Martha jedoch stand ganz wesenhaft, weshalb sie sprach: »Herr, befiel ihr aufzustehen!«, als ob sie hätte sagen wollen: »Herr, ich wollte gerne, daß sie nicht wegen der Wonne dasäße. Ich wollte, daß sie leben lernte, damit sie es wesenhaft besäße. Heiße sie aufstehen, damit sie vollkommen werde.« Sie hieß nicht Maria, als sie zu Füßen Christi saß! Ich nenne dies Maria: ein wohlgeübter Leib, einer weisen Seele gehorsam. Dies nenne ich Gehorsam: daß die Klugheit gebietet, was dem Willen genug sei.

Nun vermeinen unsere guten Leute, daß sie es erreichten, daß die Gegenwärtigkeit sinnenfältiger Dinge nichts bedeute. Dies gelingt ihnen nicht! Daß ein qualvoller Lärm meinen Ohren so lustvoll sei wie ein süßes Saitenspiel, dies erreiche ich niemals. Dies aber soll man erlangen, daß ein verständiger, nach Gott geformter Wille frei von aller naturgegebenen Lust stehe, wenn die Einsicht es wahrnimmt, so daß sie dem Willen gebieten kann, sich davon abzukehren, und der Wille sprechen würde: »Ich tue es gern.« Seht, da würde Kampf zur Lust! Denn was der Mensch mit großer Mühe erarbeiten muß, dies wird zu einer Herzensfreude, und dann bringt es Frucht.

Nun wollen es gewisse Leute soweit bringen, daß sie von Werken ledig seien. Ich spreche: Dies kann nicht gelingen! Nach dem Zeitpunkt, als die Jünger den Heiligen Geist empfangen hatten, da erst fingen sie an, Tugenden zu üben. »Maria saß zu Füßen unseres Herrn und hörte auf seine Worte« und lernte, denn sie war vorerst in die Schule genommen und lernte leben. Danach aber, als sie gelernt hatte und Christus zum Himmel aufgefahren war und sie den

Heiligen Geist empfangen hatte, da erst fing sie an zu dienen und fuhr über das Meer und predigte und lehrte und wurde eine Dienerin und eine Wäscherin für die Jünger. Wenn die Heiligen zu Heiligen werden, dann erst fangen sie an, Tugenden zu üben, denn dann sammeln sie den Hort der ewigen Glückseligkeit. Was da vorher gewirkt wird, dies gilt Schulden ab und wendet Strafe ab. Den Beweis dafür finden wir an Christus: Im Anbeginn, als Gott Mensch wurde, da fing er an, für unsere ewige Seligkeit zu wirken bis an das Ende, da er am Kreuze starb. Kein Glied war an seinem Leibe, das nicht besondere Tugend geübt hätte.

Daß wir ihm wahrhaftig nachfolgen in der (Aus-)Übung wahrer Tugenden, dazu verhelfe uns Gott. Amen.

Anhang

Zu dieser Ausgabe

Der hier vorgelegten Auswahl liegen – mit Ausnahme der Predigten 14 (*Surge illuminare iherusalem …*) und 21 (*Unus deus et pater omnium …*) – die Übersetzungen von Louise Gnädinger zugrunde:

> Meister Eckhart: Deutsche Predigten. Vierzig der schönsten deutschen Predigten ausgew., übertr. und mit einem Nachw. vers. von Louise Gnädinger. Zürich: Manesse, 2000. – Predigt 9 (S. 69–79), 10 (S. 81–93), 16B (S. 105–113), 28 (S. 145–153), 53 (S. 237–243), 69 (S. 275–285), 71 (S. 287–299), 82 (S. 345–351), 86 (S. 367–383). – Die Rechte an der deutschen Übersetzung von Louise Gnädinger liegen beim Manesse Verlag, Zürich, in der Penguin Random House Verlagsgruppe GmbH, München.

Bei den Predigten 14 und 21 wird auf die Übersetzungen von Josef Quint zurückgegriffen:

> Meister Eckhart: Die deutschen Werke. Hrsg. und übers. von Josef Quint. Bd. 1: Predigten. Erster Band. Stuttgart: Kohlhammer, 1958². Predigt 14 (S. 485–487), 21 (S. 513–516). – Copyright © by Verlag W. Kohlhammer GmbH, Stuttgart, erstmalig 1958.

Folgende Emendationen gegenüber den Druckvorlagen wurden vorgenommen:

9,25 f. gleich; aber sie sind ungleicher Dinge (Ur-)Bilder.] gleich. 11,12 gedenkt] denkt 17,8 und alles, was ich weiß, das wißt [auch] ihr] das wißt [auch] ihr 17,9 *einen* Geist] einen einzigen Geist 17,9 f. alles weiß, was Gott weiß, der] alles weiß, der 18,2 f. Verdruß. Deshalb bleibt der Mensch in seiner Beschränktheit. Wenn] Verdruß. Wenn 18,28 f. sagt »in seinen Tagen«: Der] sagt: »in seinen Tagen«. Der 18,29 Seele und Gottes] Seele ist Gottes 20,17 f. Sohne; alles, was Gott liebt, das liebt er in seinem eingeborenen Sohne. Nun] Sohne. Nun 21,17 haben Unterschied] haben keinen Unterschied 22,11–13 Einung … Einung] Einheit … Einheit 28,27 Ewigkeit.] Die

Ewigkeit. 32,5 ist Gott gleich] ist sie Gott gleich 34,21 man alleine in der] man in der 34,27 [Gottes Bild]] [Gottes] 35,27 eingebildet und wiedergebildet] abgebildet und nachgebildet 36,24 entspringen] nehmen ihren Ursprung 37,4 und im Leid] und Leiden 45,8 »Ich habe euch auserkoren, ich] »Ich habe euch auserwählt.« Ich 45,12 bleibe.« [Joh 15,16]] bleibe. 47,19 f. so klein] so fein 48,1 f. eine Lauterkeit … eine Einigkeit] die eine Lauterkeit … die eine Einigkeit 49,20 die Fülle] für ihn die Fülle 49,28 daß ihr eins seid in der Einheit, das bedeutet:] das bedeutet: 51,8 f. seiner selbst und aller Dinge] von sich selbst und von allen Dingen 52,26 ewiges Sein] einziges Sein 54,8 entgießt] ergießt 59,27 f. dulden vermag. Also hat auch diese Kraft keine Beimengung noch Vermischung. Darin] dulden vermag. Darin 60,8 Erde um –, er] Erde um, jener 64,26 f. gedenke ich, was jenseits des Meeres ist, als [wäre es] hier bei mir.] denke ich hin über das Meer als hier bei mir. 64,30 f. etwas entgegen und geht] entgegen, und es geht 65,1 da suchend] da umher suchend 68,7 f. er [Gott] sei ein Ich-weiß-nicht-was, das gar weit darüber sei] daß er [Gott] irgend etwas sei, das sehr weit darüber sei. 86,16 f. ihm.« Wer aber mit nichts von Gott redet, der redet eigentlich von ihm. Wenn] ihm.« Wenn 69,18 etwas Fremdes] ein Etwas 71,29 eine Weise] (Seins)Weise 74,2 »Kinde«] Kinde 74,7 soll] muss 75,15 f. Da Gott endlos ist, darum soll] Denn Gott ist unendlich, deshalb muß 79,13 f. wonach, und wollte, sie wußte nicht, was] wonach. 80,27 ewige Licht] Licht 81,19 und wollte] und wünschte 81,20 sie, die liebe Maria,] sie 81,24 antwortete ihr] antwortete 81,26 Des Einen ist] Das Eine tut 81,29 Er antwortete ihr und] Er gab ihr Vergewisserung, und er 81,31–82,1 nannte sie] nannte er sie 82,30 bist sorgsam] machst dir Sorgen 83,8 Vermittelndes] Das vermittelnde Mittel(ding) 83,14 von innen her] nach innen zu 83,14 andere] zweite 83,15 f. dieses ersten [Vermittelnden] entledigt [*blôz*] zu sein. *(Absatz getilgt)* Dazu] von ihm [dem ersten Vermittelnden] entblößt stehen. *(Absatz)* Dazu 83,19 Löst die Zeit aus] Kaufet die Zeit los 84,1 f. bloß alles] entblößt von allem 84,12 nicht – denn, frei von allen Bildern, da] nicht, denn frei von allen Bildern – dann 87,5 um Eines] »um Eines« 89,15 f. daß doch – während der Mensch nicht in der Gnade steht –

der Wille] währenddem ein Mensch, der nicht in der Gnade steht – daß doch

Für die Anmerkungen wurden die Erläuterungen in den Ausgaben von Louise Gnädinger, Josef Quint und Niklas Largier (vgl. Literaturhinweise) herangezogen.

Anmerkungen

Predigt 9

7,21 f. *»Gott ist … ihrer selbst lebt«:* Dieser dritte Satz stammt aus dem von Eckhart auch an anderen Stellen herangezogenen *Liber XXIV philosophorum* (»Buch der vierundzwanzig Philosophen«), das zwischen 1210 und 1230 in Toledo entstanden ist und vierundzwanzig je einem Philosophen zugeschriebene grundlegende Sätze über Gott referiert.

8,18 f. *»Gott … ohne Weise«:* Bernhard von Clairvaux (1091–1153), *De diligendo Deo* (»Von der Liebe zu Gott«) 1,1 und 6,16.

9,2 *Grobsinnige Meister:* Wohl die Franziskaner Gonsalv von Spanien (Gonsalvus Hispanus, 1302–1303 »Magister regens« in Paris, gest. 1313) und Johannes Duns Scotus (→ »Zeitgenossen«, S. 111).

9,14 f. *»Gott ist … ohne Gewaltigkeit«:* Augustinus, *De trinitate* V 1,2.

9,16 *Kleine Meister:* die Magister der Artistenfakultät, die als philosophische Grundlagenkenntnis die Kategorienlehre des Aristoteles darzulegen hatten.

9,22–24 *Und diese … gleich:* Mit der These, dass die Kategorie der »Relation in Gott, dem Allergrößten, dem, welches am meisten Sein besitzt, gleich (ist)«, folgt Eckhart einer Vorgabe von Johannes Scottus Eriugena (810/828?–877). Dieser hält in *Periphyseon* fest: *»In ipsa uero ΟΥΣΙΑ relatio est […]«* (*Periphyseon* I 471 D). Für Eckhart ist Eriugena von großer Bedeutung. Da dessen Schriften jedoch mehrfach verurteilt worden waren (das Hauptwerk *Periphyseon* z. B. 1225), verboten sich explizite Hinweise.

9,25 *(Ur-)Bilder:* Die Übersetzung ›(Ur-)Bild‹ für *»bilde«* versucht die Unterscheidung wiederzugeben, die das, *wovon* ein Bild als Bild zu denken ist, von der Sphäre der Bilder verschieden sein lässt. Das Wort ›Urbild‹ taucht im Deutschen erst ab dem 17. Jahrhundert auf. Vgl. auch Predigt 69, S. 55.

10,29–31 *Gott in der Erkenntnis … in sich selbst:* vgl. *Liber XXIV philosophorum* (vgl. Anm. zu 7,21 f.), *propositio* 20.

11,11 f. *Eine weitere Kraft … sie gedenkt:* Eckhart spricht das Vermögen der *memoria* als jene Kraft an, mit der die Seele »gedenket«. Vgl. in diesem Band Predigt 14, S. 24, und das Nachwort.

11,29 f. *Da sprach ein Meister ... Schule:* Gonsalv von Spanien (vgl. Anm. zu 9,2) in der ›anderen‹ Schule der Franziskaner.

Predigt 10

15,14 f. *»Gott ist ... sich selbst ist«:* vgl. Augustinus' *Sermo / Predigt* XLV, nr. 452; *Enarrationes in psalmos* (»Psalmenerklärungen«) LXXIV, nr. 9; *Confessiones* III 6,11.

17,28 f. *Nun spricht ein Meister ... nach Weisheit verlange:* vgl. Aristoteles, *Metaphysik* I 1,980a21.

18,10 f. *Die Seele hat zwei Augen ... Äußeres:* Eckhart bezieht sich mit den ›zwei Augen der Seele‹ auf Augustinus, *In Iohannis Evangelium Tractatus* 13,3, und Avicenna, *De anima* I 5.

18,24 *Ander(s)heit:* Das Wort (mhd. *anderheit*) findet sich auch bei Jan van Ruusbroec (1293–1381) in dem um 1335 entstandenen Traktat *Die geestelike brulocht* (»Geistliche Hochzeit«), Buch III.

21,24–26 *Gott erschafft ... gegenwärtigen Nun:* vgl. Augustinus, *Confessiones* XI 13,16 (vgl. dazu Johann Kreuzer, »Aeternitas stans: hodie«, in: J. K., *Pulchritudo. Vom Erkennen Gottes bei Augustin*, München 1995, S. 148–170).

22,14 f. *von der Gottheit ein Kuss gewährt ... von der Einheit:* Das Motiv des geistigen oder geistlichen Kusses gehört zu der sich an das alttestamentliche Hohelied anlehnenden Brautmystik, auf die Eckhart sich gelegentlich bezieht. Hier leitet es vom Pathos der ›Einung‹ zum Erkennen von ›Einheit‹ (*»einicheit«*) über.

22,22 *am Tage der Dreifaltigkeit:* Sonntag Trinitatis, Sonntag nach Pfingsten.

Predigt 14

25,3 *Steh auf, Jerusalem, und werde erleuchtet:* Das *»Stant vp jherosalem inde erheyff dich inde wirt erluchtet«* fügt Paul Celan in das Gedicht *Du sei wie du, immer* ein, dem vorletzten im Band *Lichtzwang*. Auf Eckharts Gedanken der ›Enthöhung‹ (vgl. S. 28) nimmt er in *Treckschutenzeit*, dem Gedicht davor, Bezug: »[...] der Enthöhte, geinnigt, / spricht unter den Stimmen am Ufer: // Todes quitt, Gottes / quitt.« (Paul Celan, *Lichtzwang. Gedichte*, Frankfurt a. M. 1970, S. 100 f.)

25,13 *Seele drei Kräfte ... Dreifaltigkeit:* Eckhart setzt hier als bekannt – als »nichts Neues« – jenen Ternar von *memoria – intellegentia – voluntas* voraus, mit dem Augustinus erklärt hat, inwiefern die Seele bzw. der tätige Geist jener Trinität gleicht, als deren Bild er sich denkt (vgl. Anm. zu 9,25). In *De trinitate* XIV 7,9 hat Augustinus zudem darauf hingewiesen, dass wir in der Erinnerung mehr haben, als uns aktual präsent ist, und spricht von diesem Grund im Bewusstsein als einem *»abditum mentis«*: dieses ›Verborgene des Geistes‹ spricht Eckhart als *»heymeliche, verborgen konst«* (geheimes, verborgenes Wissen) an. – Vgl. Nachwort, S. 122 ff.

25,27 *Gehirn ...:* Die Predigt ist an dieser Stelle nur fragmentarisch überliefert. Eckhart referiert Albertus Magnus (→ » Zeitgenossen«, S. 110), *De animalibus* XIII, tr. 1, c. 7.

28,11 f. *mein Buch:* Gemeint ist ein Notizbuch; vgl. auch Predigt 28, S. 47.

28,27 *Ewigkeit:* vgl. Anm. zu 21,24–26; vgl. auch Augustinus, *Confessiones* I 6,10.

Predigt 16 B

31,8 *Edelkeit allen Gesteins:* Meist wird *»edelkeit alles gesteines«* mit »Kostbarkeit aller Edelsteine« übertragen. Eckhart zieht die *»lapis«*-Stelle aus Jesus Sirach wohl aber aus dem Grund heran, dass ein ›Edelstein‹ den jeweils perfekten Zustand einer Gesteinsart verkörpere.

32,8–10 *Denn was eines anderen Bild ... gleich sein:* vgl. Augustinus, *De diversis quaestionibus* LXXXIII, q. 74.

34,20–23 *Dies heißt nicht ... Predigtstuhl vortragen:* vgl. Nachwort, Anm. 15.

36,27 *Ein Meister spricht:* vgl. Avicenna, *De anima* I 5; IV 2.

Predigt 21

39,16 f. *Boethius sagt ... wandelt sich nicht:* vgl. Boethius, *Philosophiae consolatio* III, carmen 9.
40,25 f. *Ein Meister sagt ... im Willen:* Vielleicht bezieht sich Eckhart hier auf Aristoteles, *Nikomachische Ethik* VIII 7, 1157b25–33.
41,20 f. *Ein Meister sagt ... des Verneinens:* vgl. Dionysius Ps.-Areopagita, *De divinis nominibus* I 5; VII 3; *De mystica theologia* I 2. – Die Verfasserschaft des »Corpus Dionysiacum« ist bis heute nicht geklärt. Das Corpus ist seit Anfang des 6. Jahrhunderts bekannt – und erlangt schnell hohe Autorität. In *De divinis nominibus* I 4 wird aus Proklos zitiert (vgl. Anm. zu 54,10–12). Da dieser 410/411–485 n. Chr. lebte, können die Schriften des Dionysius nicht vor der Mitte des 5. Jahrhunderts entstanden sein.
42,8 f. *Gott ist Eins ... des Verneinens:* mhd.: *»Got ist ein, er ist ein versagen des versagennes«* (DW I, S. 363). In der *Auslegung des Johannes-Evangeliums* heißt es konzise: *»unum ipsum est negatio negationis«* (*Expositio sancti Evangelii secundum Iohannem*, nr. 556, LW III, S. 485). In der *Auslegung des Buchs der Weisheit* ergänzt Eckhart diesen Begriff des Einen dergestalt, dass es sich durch »Ununterschiedenheit« von allem Kreatürlichen und dessen Form, jeweils verschieden zu sein, unterscheidet: »li unum idem est quod indistinctum« (*Expositio libri Sapientiae*, nr. 144, LWSA, S. 346; vgl. auch *In Sapientiam*, nr. 147: die *»[...] negatio negationis«* führt auf den »vollen Sinn des bejahten Begriffs« des ›Einen‹: die *»plenitudo termini affirmati«*, ebd., S. 348).
44,2 *Die Meister sagen, der Himmel laufe um:* vgl. Aristoteles, *Metaphysik* XII 7–8.
44,16 f. *Die Seele ist alle Dinge:* vgl. Aristoteles, *De anima* III 8.

Predigt 28

47,14 *in meinem Buch:* vgl. Anm. zu 28,11 f.
48,11 *»Mann«:* Mit »Mann« bezeichnet Eckhart an dieser Stelle die höchste geistige Fähigkeit im Menschen; an anderer Stelle nennt er sie auch »Fünklein«, »Wipfel«, eine »Hut« u. a.

48,11–14 *Wenn da die Natur abgelenkt ... eine Frau:* Nach mittelalterlicher Vorstellung entstand die Frau aus einem Zeugungsakt, der durch irgendwelche Umstände beeinträchtigt war und deshalb nicht zur vollen Wirkung gelangen konnte. Hildegard von Bingen behandelt dies ausführlich in ihren naturkundlichen Schriften.

48,14–22 *Doch wo die Natur ... und das Leben wird:* Die befruchtete Eizelle weist vom ersten Augenblick an unverwechselbar das ganze Potential des werdenden Wesens auf, nach mittelalterlicher Auffassung erfolgte jedoch die »Menschwerdung« durch die Beseelung des Embryos erst eine bestimmte Zeit nach der Befruchtung.

49,15–19 *Nun spricht Plato ... noch Innerlichkeit:* Den Grundgedanken der bleibenden Transzendenz des (göttlich) Einen hat Platon in Buch VI der *Politeia* formuliert: es ist *»epekeina tēs ousias«*, heißt es dort (509b) im Sonnengleichnis – jenseits dessen, was sich durch das Denken wie ein Objekt oder ›wesenhaftes Sein‹ bestimmen oder sagen lässt. Diesen Grundgedanken negativer Dialektik und Theologie verbindet Eckhart mit der christlichen Trinitätslehre.

Predigt 53

51,17–20 *Augustinus spricht: »Die ganze Schrift ... unaussprechbar«:* vgl. Augustinus, *De doctrina christiana* 1,6,6: *»Si illud est ineffabile quod dici non potest, non est ineffabile, quod vel ineffabile dici potest«* – Wenn unaussprechlich ist, was nicht gesagt werden kann, dann ist nicht unaussprechlich, was auch nur als unaussprechlich ausgesagt werden kann« (vgl. Kreuzer 2000, S. 207–225, sowie hier Anm. zu 53,18 f.).

52,19–21 *Seneca spricht: »Dies ist ... hinausgelangt«:* Seneca der Jüngere (5–65 n. Chr.), *Naturales quaestiones* 1, *praefatio* 5. Eckhart führt dieselbe Stelle in seiner Auslegung des Johannes-Evangeliums (*In Iohannem*, nr. 282) an.

52,24 *Einen Vater kann es nicht geben ... ewiges Sein in sich:* vgl. Augustinus, *De trinitate* V 5,6–7,8.

53,18 f. *Alle Kreaturen sind ein Aussprechen Gottes:* Schöpferisch zeigt sich das ›Wort Gottes‹ in der »*eloquentia rerum*« (der Redekunst der Dinge), die stillschweigend ist; vgl. Augustinus, *De civitate dei* XI 4 und XI 18 (vgl. dazu Johann Kreuzer, *Pulchritudo. Vom Erkennen Gottes bei Augustin*, München 1995, S. 238–240).

54,10–12 *Ihr gesamtes Leben … ausgegangen sind:* Eckhart referiert hier die Trias von *monē* (ursprünglich Eines) – *prohodos* (Hervorgang) – *epistrophē* (Rückkehr, Rückbezug), die auf Proklos zurückgeht und über Dionysius Ps.-Areopagita (vgl. Anm. zu 41,20 f.) für das mittelalterliche Denken grundlegende Bedeutung gewonnen hat. Vgl. Werner Beierwaltes, *Proklos. Grundzüge seiner Metaphysik*, Frankfurt a. M., [2]1979.

Predigt 69

55,12 f. »*Fragst du mich … das ewige Leben selbst*«: Augustinus, *Sermo* CL, nr. 8,10.

55,20 *wie in einem Vermittelnden oder in einer Wolke:* Vermittelt über Dionysius Ps.-Areopagita, *De mystica theologia* I 1, bezieht sich Eckhart mit der Rede von der »Wolke« auf Ex 20,21; 24,16–18; 33,20–34,6. Vgl. auch Mt 17,5.

56,31–57,2 *Ein anderer Meister … beide recht:* vgl. Aristoteles, *De anima* II 7: Das ›Vermittelnde‹ ist für Aristoteles das Licht als vollendete Durchsichtigkeit.

57,17–19 »*Willst du Wahrheit lauter erkennen … oder Hoffnung.*«: Boethius, *Philosophiae consolatio* I, *carmen* 7.

57,23 f. *Der andere Meister spricht: »Gäbe es … nichts«:* Gemeint ist Aristoteles, vgl. Anm. zu 56,31–57,2.

60,1 *meine Kapuze:* Gemeint ist der zum Ordensgewand der Predigerbrüder gehörende Schulterumhang mit Kapuze.

63,19–21 *Es sprechen unsere besten Meister, daß der Himmel ... nicht leuchtet:* vgl. Albertus Magnus (→ »Zeitgenossen«, S. 110), *De caelo et mundo* II, tr. 1, c. 2 und 11.

63,24–27 *»Das Feuer ... zu sehen vermag«:* vgl. ebd., tr. 3, c. 2.

64,26 f. *Ebensowohl gedenke ich ... hier bei mir:* vgl. Augustinus, *Confessiones* X 8,15.

65,8 f. *Es sprechen unsere Meister ... Gedanken nicht kennen:* vgl. Thomas von Aquin, *Summa theologiae* I, q. 58, a.4 ad 1.

65,18–20 *Es spricht ein Meister: »Alle Dinge ... unteren Dingen«:* vgl. *Liber de causis* 20 und 21. Der *Liber de causis* stellt die lateinische Übersetzung einer arabischen Abhandlung ›Über das reine Gute‹ dar, die bis Anfang des 13. Jahrhunderts Aristoteles zugeschrieben wurde, jedoch auf die *Elementatio theologica* von Proklos (vgl. Anm. zu 41,20 f.) zurückgeht, wie Thomas von Aquin 1268 erkannte. Der *Liber de causis* gehörte seit 1255 zum Lehrkanon der Pariser Universität. Eckhart bezieht sich oft auf ihn, insbesondere auf den Satz 20: *»primum est dives per se«* – »das Erste ist seiner Natur nach reich«.

65,20 *Gott fließt in alle Kreaturen ... von ihnen allen:* vgl. Nachwort, Anm. 13.

68,5 f. *»Er ist Über-Wesen ... Über-Licht«:* Dionysius Ps.-Areopagita, *De mystica theologia* V.

68,8–10 *Wer etwas sieht ... weder dies noch das ist:* Zum *»neizwaz«* vgl. das *»nescio quid«* bei Augustinus, *De musica* VI 8,20; zum »weder dies noch das« vgl. *De trinitate* VIII 3,4: *»tolle hoc et illud«*.

68,14–16 *Ein Meister spricht: »Wer von Gott redet ... von ihm«:* vgl. Augustinus, *De trinitate* VIII 2,3.

70,16 f. *»Als er nichts sah, da sah er Gott«:* Augustinus, *Sermo* CCXXIX, nr. 1,1.

70,19–21 *»Da es denn so ist ... die Seele sich selbst ist«:* zu »wahres Licht« vgl. Augustinus, *De trinitate* VIII 2,3; zu »näher als die Seele sich selbst« ebd. VIII 7,11 (vgl. auch *Confessiones* III 6,11: Gott als *»interior intimo meo et superior summo meo«*).

71,2 f. *»Das Auge in seiner größten ... alle Farbe«:* vgl. Aristoteles, *De anima* II 7, 418b26 f.

72,1 f. *»Wer dich, Gott … ohne Maß«*: vgl. Bernhard von Clairvaux (hier: Pseudo-Bernhard), *In Cantica, sermo* (»Ansprache zum Hohenlied«) 7, in: *Patrologia Latina* 184, 44 C.

Predigt 82

77,6–8 *sich die obersten Dinge … obersten vereinen:* Dionysius Ps.-Areopagita, *De caelesti hierarchia* 7, § 3.
77,18–20 ›*Das will ich Euch sagen … ohne Weise*‹: Bernhard von Clairvaux, *De diligendo deo* 10,28.
77,23 f. *Darum muß die Weise … jeglichem Aussagen:* vgl. Anm. zu 49,15–19 und 51,17–20.

Predigt 86

79,8 f. *Martha aber … lieben Christus:* Martha steht für die *vita activa*, Maria (zunächst) für die *vita contemplativa*. Zu beachten ist, dass Martha der Funktionsname für die Vorsteherin eines Frauenklosters war. Vor diesem Hintergrund formuliert die Predigt so etwas wie zu erfüllende Kriterien, die zu entsprechender Leitung befähigen. Vgl. auch am Schluss der Predigt die Wendung von Martha zur ›wirklichen‹ Maria (vgl. S. 90 f.).
79,19 f. *ein gut geübter Grund … Allertiefste:* der »Seelengrund«: das ›Innerste‹ der Seele (das *»allernæhste«* als ›Allertiefstes‹ oder ›Allerhöchstes‹, vgl. Anm. zu 71,2 f.), das es zu üben gilt, soll es entsprechend zur Ausübung kommen können.
81,26 f. *Des Einen ist not! … genommen werden kann:* Das *»unum«* in Lk 10,42 (*»unum est necessarium«* – »Des Einen ist not«) dient Eckhart dazu, die Diskussion des Verhältnisses zwischen (reiner) Spiritualität und Alltagspraxis vom platonisch-neuplatonischen Grundgedanken des (göttlich) ›Einen‹ her zu führen. Es zu begreifen ist erforderlich (notwendig), gerade in der Hinsicht, dass der spirituell-kontemplativ ›beste Teil‹ (den Maria erwählt hat) nicht in Gegensatz zu gelebter Kreatürlichkeit (gelebter ›Sorge‹) geraten

oder gar in einem solchen Gegensatz stehenbleiben darf. Den ›besten Teil‹ gilt es vielmehr mit gelebter, um sich wissender Kreatürlichkeit zu verbinden. Vgl. auch Nachwort, S. 131 ff.

82,1–6 *»Es steht außer Zweifel … zweifelhaft«:* Das Zitat Isidors von Sevilla (um 560–636 n. Chr.) ist bisher nicht nachgewiesen. Zur zweifachen Nennung des Namens vgl. Augustinus, *Sermo* CIII, nr. 2.

84,13 *Eines wird Zwei, Zwei ist Eines: Im* Unterschied, *in* der Zwei wird das Eine *als* Eines begreifbar. Sich das Eine als Gegensatz zur Zwei zu denken hingegen heißt, es in der Form der Zwei zu denken.

87,3 *Maria Magdalenas in der Wüste:* Nach der Legende verlebte Maria Magdalena, die Sünderin und spätere Jüngerin Jesu Christi, die hier mit Maria von Bethanien gleichgesetzt wird, nach Christi Tod viele Jahre zurückgezogen in der Wüste; vgl. ihre Vita bei Jacobus von Voragine (1228/30–1298), *Legenda Aurea* 96; Jacobus gehörte wie Meister Eckhart dem Dominikanerorden an.

87,19 *Dies ist das Eine, das Gott ist:* vgl. Anm. zu 42,8 f.

Zeittafeln

Eckhart von Hochheim – Biographische Daten

1260 Geboren in Tambach (Thüringen) als Eckhart von Hochheim (= Familienname), früh in das Dominikanerkloster in Erfurt eingetreten, Fortsetzung der Ausbildung am Studium generale in Köln (1248 gegründet, dessen erstem Leiter: Albertus Magnus, → »Zeitgenossen«, S. 110) ist Eckhart wohl noch begegnet).

1293 Erster Aufenthalt in Paris: im Konvent der Dominikaner in der Rue St. Jacques.

1293/94 Studienabschluss als Baccalaureus, Vortrag eines *Sentenzenkommentars*: Voraussetzung für das theologische Magisterium.

1294–98 Prior in Erfurt (Stellvertreter von Dietrich von Freiberg, → »Zeitgenossen«, S. 111), zugleich und ab 1298 nur noch bis 1302 Vikar in Thüringen: ordenspolitische Aktivitäten. Es entstehen die »Reden der Unterscheidung« (für die Mitbrüder im Erfurter Konvent).

1302/03 Erneut in Paris: erhält die *licentia docendi* – hat (30 Jahre nach Thomas von Aquin, → »Zeitgenossen«, S. 110) für ein Jahr den für Nichtfranzosen reservierten Lehrstuhl der Dominikaner in Paris inne: *magister actu regens*, ab da ›Meister Eckhart‹. *(Pariser) Quaestiones* I–III.

zwischen 1302 und 1305 Erste Entwürfe, Prologe zum *Opus tripartitum.*

ab September 1303 Leiter der sächsischen Ordensprovinz (Saxonia).

1307 Im März in Straßburg zusätzlich zum Generalvikar der böhmischen Ordensprovinz ernannt, ab Mai 1307 rastlose und mühselige ordenspolitische Tätigkeiten. Von der Leitung der Saxonia im Mai 1311 entbunden.

1311/12–1312/13 Zweite Lehrtätigkeit in Paris. Weitere *(Pariser) Quaestiones* III und IV, Arbeit am *Opus tripartitum.*

ab 1314 Straßburg – betraut u. a. mit der *cura monialium*: der Betreuung der süddeutschen Frauenklöster des Dominikanerordens (Beginen, → »Realgeschichtliche Rahmendaten«, S. 108: direkter, unhierarchischer Gottesbezug; vgl. Marguerite Porète, *Spiegel der einfachen Seele*).

1319 Verbot des *status beginarum* durch den Bischof (Johann) von Straßburg, verbunden mit dem Vorwurf an die Bettelorden, dass sie die Beginen begünstigten; ab da war auch Eckhart diesem Vorwurf ausgesetzt.

ab 1323 Köln: Lehrtätigkeit am Studium generale und Predigttätigkeit sowie Betreuung der Frauenklöster/Beginen in Köln; Intrigen gegen Eckhart.

1326 Eröffnung eines Inquisitionsverfahrens gegen Eckhart in Köln.

1327 13. Februar: öffentliche *protestatio* Eckharts in Köln. Der ›Widerruf‹ aller Irrtümer, sofern man ihm solche nachweisen könne, bewirkt die Umwandlung des Kölner Häresieverfahrens in ein Lehrbeanstandungs-(Zensur-)Verfahren am päpstlichen Hof in Avignon. Mitte des Jahres Reise nach Avignon.

1328 Eckhart in der Papstresidenz, um sich zu verteidigen; vermutlich am 28. Januar gestorben.

1329 27. März: Verurteilung von insgesamt 28 Sätzen in der Bulle *In Agro dominico*: 17 als häretisch, 11 als der Häresie verdächtig bezeichnet. Am 15. April Veröffentlichung der Bulle u. a. in Köln.

Rahmendaten zum 13./14. Jahrhundert

Realgeschichtlich

1216 Bestätigung der Dominikaner (Bettel-, Mendikantenorden).

1223 Bestätigung der Franziskaner (Bettel-, Mendikantenorden).

ab etwa 1230 zunehmendes Auftreten klosterähnlicher Gemeinschaften, zu denen sich fromme Frauen (Beginen) z. B. in Nordfrankreich und in den Städten entlang des Rheins zusammenschlossen (1274 Verbot der Bildung neuer ordensähnlicher Vereinigungen).

1231 Kodifizierung des Inquisitionsverfahrens (1252 Einführung der Folter).

1231–33 Dominikaner mit der Inquisition beauftragt.
1252 Erstes Auftreten von Goldmünzen im Westen.
1256–73 Interregnum in Deutschland. Aufstieg von Mailand, Florenz, Genua, Venedig.
1282 ›Sizilianische Vesper‹: von Massakern begleitete Revolte gegen die Herrschaft des Hauses Anjou im Königreich Sizilien.
1284 Einsturz des Gewölbes der Kathedrale von Beauvais (›Symbol‹ für das Ende der »Zeit der Kathedralen«); Kathedralen von Narbonne, Köln und Siena unvollendet.
1291 Fall von Akkon (faktisches Ende der Kreuzzüge); Eidgenossenschaft (Schwyz, Uri, Unterwalden) gegründet.
ab 1300 Ökonomische Krisen.
1302 Bulle *Unam sanctam*: Bonifaz VIII. formuliert allumfassenden päpstlichen Machtanspruch.
ab 1303 Kampf zwischen dem Papsttum und der französischen Krone.
1303 Papst vom französischen König arretiert.
1309–77 Päpste in Avignon.
1315 Sieg der Eidgenossen über Leopold von Habsburg.
1315–18 Große Hungersnöte.
ab 1320 Judenpogrome in Frankreich (schon 1298 massenweise Judenmorde in Franken und Bayern).
1347–50 Große Pest, begleitet von Geißlerzügen und Judenpogromen; ein Drittel der Bevölkerung Europas stirbt.

Geistesgeschichtlich

Es ist die Epoche der Universitätsgründungen: vor 1220: Paris, Bologna, Oxford, Cambridge, Montpellier; 1222 Padua, 1224 Neapel, 1229 Toulouse, 1254 (1220) Salamanca, 1288 Coïmbra, 1303 Avignon, 1347 Prag, 1364 Krakau, 1365 Wien.

a) Einzelne Daten

ab 1230 Averroes im Westen bekannt (von Michael Scotus zwischen 1220 und 1240 übersetzt); »Aristoteles = *philosophus*«, »Averroes = *commentator*«.

1231 Aristoteles-Verbote.

ab 1248 Studium generale in Köln.

1250 Privilegien der Mendikanten bestritten, 1256 erneut bestätigt.

1250–77 Siger von Brabant (gest. 1286) und Boethius von Dacien (gest. 1284) an der Universität von Paris tätig; sie bezeichnen sich in bewusster Absetzung von der Theologie als »Philosophen«.

1255 Studienordnung der Pariser Artistenfakultät; das Curriculum enthält u. a.: Aristoteles – ›Logik‹ (*Peri hermeneias*; *De interpretatione*; *Erste/Zweite Analytik*; *Topik*; *Physik*; *Metaphysik*; *Nikomachische Ethik*) und den pseudoaristotelischen *Liber de causis* (Proklos).

1260 Kathedrale von Chartres, Abschluss.

1260–85 Aristoteles-Übersetzungen des Wilhelm von Moerbeke.

1277 Verurteilung von 219 Thesen durch den Bischof von Paris (Etienne Tempier) – ebenso wichtig wie die Verurteilung der ›averroistischen‹ Thesen ist die Dokumentation der intellektuellen Debatte.

1310 Marguerite Porète (Begine, → »Realgeschichtliche Rahmendaten«, S. 108) wegen des von ihr verfassten *Mirouer des simples ames* (»Spiegel der einfachen Seelen«) in Paris verbrannt.

1323 Heiligsprechung von Thomas von Aquin durch Papst Johannes XXII.

1324 Marsilius von Padua *Defensor Pacis*: gegen theokratische Machtansprüche (→ »Realgeschichtliche Rahmendaten«, S. 109: Bulle *Unam sanctam*) für die Trennung von *sacerdotium* (geistliche Herrschaft) und *imperium* (weltliche Herrschaft).

b) Zeitgenossen

Albertus Magnus (um 1200–1280), Dominikaner: Erster Leiter des *Studium generale et solemne* des Dominikanerordens in Köln (u. a. Thomas von Aquin und Eckhart sind dessen ›Schüler‹).

Thomas von Aquin (um 1224–1274), Dominikaner: *De ente et essentia* (um 1255); *Summa contra gentiles* (1259 – um 1267); *Summa theologiae* (1259/1267–1273), *Aristoteles-Kommentare* (1269–1272).

Dietrich von Freiberg (um 1240–1318/20), Dominikaner: Studien und Lehrtätigkeit in Freiberg, Paris, Trier; u. a. 1293–96 Provinzial der deutschen Ordensprovinz. Intellekttheoretisches Zusammenbringen von Aristoteles und Augustinus.

Dante Alighieri (1265–1321): *Vita nuova* (um 1293), *Convivio* (1306–08), *De vulgari eloquentia* (1304–06; lat.), *De Monarchia* (1308/09 oder 1312/13: antitheokratisch), *Divina Commedia* ([1307–]1321).

Johannes Duns Scotus (1265/66–1308), Franziskaner: Lehrtätigkeit in Cambridge und Oxford, ab 1302 und mit einer Unterbrechung 1303 wieder ab 1304 in Paris, dort 1306 »Magister regens«, 1307 Lektor am Studium generale der Franziskaner in Köln.

Giotto di Bondone (1266[?]–1337), pikturale Realisierung perspektivischen Wahrnehmens: Fresken in Assisi (ab 1290), Arenakapelle in Padua (zwischen 1304–13).

Wilhelm von Ockham (um 1285/90 – vermutl. 1349), Franziskaner: Lehrtätigkeit in Oxford und London, angeklagt wegen Lehrabweichung, 1324 an den päpstlichen Hof nach Avignon zitiert, dort bis 1328 (Begegnung[?] mit Eckhart von Hochheim, dessen Lehren Ockham freilich für absurd erachtete), Mai 1328 Flucht aus Avignon, Exkommunikation, ab etwa 1330 in München, von dort ab 1332 Schriften gegen päpstliche (theokratische) Machtanmaßungen.

Literaturhinweise

Die folgenden Angaben dienen der Ergänzung der hier vorliegenden Auswahl an Predigten. Sie beanspruchen keinerlei Vollständigkeit. Umfassende bibliographische Angaben finden sich gut zugänglich auf der Homepage der Meister-Eckhart-Gesellschaft unter: http://www.meister-eckhart-gesellschaft.de/bibliographie.htm. Darüber hinaus sei ausdrücklich auf die *Bibliographie* zu Meister Eckhart von Niklas Largier (s. u.) verwiesen.

1. Ausgaben

Meister Eckhart: Die deutschen und lateinischen Werke. Stuttgart: Kohlhammer, 1936/1956–2022. [Zit. jew. unter Nennung von Sigle, Band- und Seitenzahl.]

DW Meister Eckhart: Die deutschen Werke. Bd. I–III, V. Hrsg. von Josef Quint. – Bd. IV/1, IV/2. Hrsg. von Georg Steer.

LW Meister Eckhart: Die lateinischen Werke. Bde. I–V. Hrsg. von Josef Koch, Heribert Fischer, Konrad Weiß, Karl Christ, Bruno Decker, Albert Zimmermann, Bernhard Geyer, Ernst Benz, Erich Seeberg und Loris Sturlese. – Bd. VI: Indices. Hrsg. von Loris Sturlese und Markus Vinzent.

Meister Eckhart: Werke. 2 Bde. Hrsg. und komm. von Niklas Largier. Frankfurt a. M.: Suhrkamp, 1993. Nachdr. 2008.

LWSA Meister Eckhart: Studienausgabe der Lateinischen Werke. Bd. 1. Hrsg. von Loris Sturlese und Elisa Rubino. Stuttgart: Kohlhammer 2016. – Bd. 2. Hrsg. von Loris Sturlese. Ebd. 2018. [Zit. jew. unter Nennung von Sigle, Band- und Seitenzahl.]

2. Literatur zu Eckhart

Periodica
(hierin erschienene Arbeiten werden nicht eigens aufgeführt)

Lectura Eckhardi. Predigten Meister Eckharts von Fachgelehrten gelesen und gedeutet. Hrsg. von Georg Steer und Loris Sturlese. Stuttgart 1998 ff.
Meister-Eckhart-Jahrbuch. Stuttgart 2007 ff.
Meister-Eckhart-Jahrbuch. Beihefte. Stuttgart 2007 ff.

Sammelbände

Aertsen, Jan A. / Speer, Andreas (Hrsg.): Was ist Philosophie im Mittelalter? Berlin 1998.
Casteigt, Julie (Hrsg.): Maître Eckhart. Paris 2012.
Hackett, Jeremiah M.: A Companion to Meister Eckhart. Leiden 2012.
Jacobi, Klaus (Hrsg.): Meister Eckhart: Lebensstationen – Redesituationen. Berlin 1997.
Mieth, Dietmar / Vinzent, Markus / Vannier, Marie-Anne / Wojtulewicz, Christopher (Hrsg.): Meister Eckhart in Paris and Strasbourg. Leuven 2017.
Speer, Andreas / Wegener, Lydia (Hrsg.): Meister Eckhart in Erfurt. Berlin / New York 2005.

Einzelstudien

Aertsen, Jan A.: Meister Eckhart. Eine außerordentliche Metaphysik. In: Recherches de Théologie et Philosophie Médiévales 66 (1999) S. 1–20.
– Der Systematiker Eckhart. In: Meister Eckhart in Erfurt. Hrsg. von Andreas Speer und Lydia Wegener. Berlin / New York 2005. S. 189–230.

Albert, Karl: Meister Eckhart und die Philosophie des Mittelalters. Dettelbach 1999.
Beccarisi, Alessandra: Eckhart. Rom 2012.
Beierwaltes, Werner: Unterschied durch Ununterschiedenheit (Meister Eckhart). In: W. B.: Identität und Differenz. Frankfurt a. M. 1980. S. 97–104.
– Platonismus im Christentum. 3., erw. Aufl. Frankfurt a. M. 2013.
Degenhardt, Ingeborg: Studien zum Wandel des Eckhartbildes. Leiden 1967.
Flasch, Kurt: Die Intention Meister Eckharts. In: Sprache und Begriff. Festschr. für Bruno Liebrucks. Hrsg. von Heinz Röttges [u. a.]. Meisenheim a. Gl. 1974. S. 292–318.
– Meister Eckhart. Philosoph des Christentums. München 2010.
Goris, Wouter: Einheit als Prinzip und Ziel. Versuch über die Einheitsmetaphysik des ›Opus tripartitum‹ Meister Eckharts. Leiden 1997.
Haas, Alois Maria: Gottleiden – Gottlieben. Zur volkssprachlichen Mystik im Mittelalter, Frankfurt a. M. 1989.
– Meister Eckhart als normative Gestalt geistlichen Lebens. 2., durchges. und mit einem Nachw. erw. Ausg. Freiburg i. Br. 1995.
Imbach, Ruedi: Deus est intelligere. Das Verhältnis von Sein und Denken in seiner Bedeutung für das Gottesverständnis bei Thomas von Aquin und in den Pariser Quaestionen Meister Eckharts. Freiburg (Schweiz) 1976.
Kobusch, Theo: Lesemeistermetaphysik – Lebemeistermetaphysik. In: Meister Eckhart in Erfurt. Hrsg. von Andreas Speer und Lydia Wegener. Berlin / New York 2005. S. 239–258.
– Meister Eckhart. In: Die Philosophen des Hoch- und Spätmittelalters. München 2011. S. 367–384.
Kreuzer, Johann: Gestalten mittelalterlicher Philosophie. München 2000.
– »Unterschiedenes ist gut«. Überlegungen zu Meister Eckhart und Hölderlin. In: Mystik und Idealismus. Hrsg. von Andrés Quero-Sánchez. Leiden/Boston 2017. S. 199–223.
Largier, Niklas: Bibliographie zu Meister Eckhart. Freiburg (Schweiz) 1989.

– Kommentar. In: M. E.: Werke. Hrsg. und komm. von Niklas Largier. Frankfurt a. M.: Suhrkamp, 1993. Nachdr. 2008. Bd. 1. S. 713–1106. – Bd. 2. S. 645–916.

Libera, Alain de: Introduction à la mystique rhénane. D'Albert le Grand à Maître Eckhart. Paris 1984.

Mieth, Dietmar: Meister Eckhart. Mystik und Lebenskunst. Düsseldorf 2004.

– Meister Eckhart. München 2014.

Mojsisch, Burkhard: Meister Eckhart. Analogie, Univozität und Einheit. Hamburg 1983.

– Nichts und Negation. Meister Eckhart und Nikolaus von Kues. In: Historia Medii Aevi. Bd. 1. Festschrift für Kurt Flasch. Hrsg. von B. M. und Olaf Pluta. Amsterdam/Philadelphia 1991. S. 675–693.

Roesner, Martina: Logik des Ursprungs. Vernunft und Offenbarung bei Meister Eckhart. Freiburg i. Br. / München 2017.

Ruh, Kurt: Meister Eckhart. Theologe, Prediger, Mystiker. 2., überarb. Aufl. München 1989.

– Geschichte der abendländischen Mystik. 4 Bde., München 1990–99.

Schwartz, Yossef: Meister Eckharts Schriftauslegung als maimonidisches Projekt. In: Moses Maimonides (1138–1204). His Religious, Scientific, and Philosophical *Wirkungsgeschichte* in Different Cultural Contexts. Hrsg. von Görge K. Hasseloff und Otfried Fraisse. Würzburg 2004.

Speer, Andreas: Zwischen Erfurt und Paris. Eckharts Projekt im Kontext. In: Meister Eckhart in Erfurt. Hrsg. von Andreas Speer und Lydia Wegener. Berlin / New York 2005. S. 3–33.

– Im Verborgenen des Geistes: »abditum mentis« bei Augustinus und Meister Eckhart. In: Das Selbst und sein Anderes. Festschrift für Klaus Erich Kaehler. Hrsg. von Markus Pfeifer und Smail Rapic. Freiburg i. Br. 2009. S. 56–80.

Steer, Georg: Scholastische Gnadenlehre in mittelhochdeutscher Sprache. München 1966.

– Die Interpretation der deutschen und lateinischen Predigten Meister Eckharts – Eine unendliche Geschichte, in: Per perscrutationem philosophicam. Festschrift für Loris Sturlese. Hrsg. von Alessandra Beccarisi, Ruedi Imbach und Pasquale Porro. Hamburg 2008. S. 184–203.

Sturlese, Loris: Die Kölner Eckhartisten. Das Studium generale der deutschen Dominikaner und die Verurteilung der Thesen Meister Eckharts. In: Die Kölner Universität im Mittelalter. Geistige Wurzeln und soziale Wirklichkeit. Hrsg. von Albert Zimmermann. Berlin / New York 1989. S. 192–211.

– Meister Eckhart. Ein Porträt. Regensburg 1994.

Trusen, Winfried: Der Prozeß gegen Meister Eckhart. Vorgeschichte, Verlauf und Folgen. Paderborn [u.a.] 1988.

Ueda, Shizuteru: Die Gottesgeburt in der Seele und der Durchbruch zur Gottheit. Die mystische Anthropologie Meister Eckharts und ihre Konfrontation mit der Mystik des Zen-Buddhismus. Gütersloh 1965.

Vannier, Marie-Anne: Eckhart à Strasbourg. Straßburg 2006.

Vinzent, Markus: The Art of Detachment. Leuven 2011.

– »The more something is / Invisible, It Enters Others« (*Jemehr ist eins / Unsichtbar, schiket es sich in Fremdes*). Indistinction, A Bridge between Meister Eckhart und Hölderlin. In: Mystik und Idealismus. Hrsg. von Andrés Quero-Sánchez. Leiden/Boston 2017. S. 224–240.

Wackernagel, Wolfgang: Ymagine denudari. Éthique de l'image et métaphysique de l'abstraction chez Maître Eckhart. Paris 1991.

Waldschütz, Erwin: Denken und Erfahren des Grundes. Zur philosophischen Deutung Meister Eckharts. Wien [u. a.] 1989.

Winkler, Norbert: Meister Eckhart zur Einführung. Hamburg 1997.

Nachwort

In seinen *Vorlesungen zur Philosophie der Religion* spricht Hegel von der »Tiefe«, die es als »Innerstes« der (christlichen) Religion zu begreifen gelte, und bemerkt: »Meister Eckhart, ein Dominikanermönch des 14. Jahrhunderts, sagt unter anderem in einer seiner Predigten über dies Innerste: ›Das Auge, mit dem mich Gott sieht, ist das Auge, mit dem ich ihn sehe; mein Auge und sein Auge ist eins. [...] Wenn Gott nicht wäre, wäre ich nicht; wenn ich nicht wäre, so wäre er nicht. Dies jedoch ist nicht Not zu wissen, denn es sind Dinge, die leicht mißverstanden werden und die nur im Begriff erfaßt werden können.‹«[1] Eckhart *ist* ›missverstanden‹ worden, am folgenreichsten in der gegen ihn 1329 erlassenen Bulle *In Agro dominico.* Trotz dieser Verurteilung reichte die Resonanz seines Werks und Wirkens weit – bis zu den Literaturzeitungen, aus denen Hegels Kenntnisse stammten, der sich dort Stellen aus Eckhart (und Tauler) abgeschrieben hatte. Sein erster Biograph Karl Rosenkranz bemerkt dazu, dass dies für die Herausbildung des Hegel'schen Philosophiekonzepts von grundlegender Bedeutung war.[2]

Wie konnte unser ›Dominikanermönch aus dem 14. Jahrhundert‹ diese Bedeutung für Hegel (und über Hegel hinaus) gewinnen?

1 Vgl. Georg Wilhelm Friedrich Hegel, *Vorlesungen über die Philosophie der Religion*, Tl. 1, hrsg. von Walter Jaeschke, Hamburg 1993, S. 248. – Hegel blendet hier Auszüge aus den Predigten DW 12 (*Qui audit me*), 39 (*Justus in perpetuum vivet etc.*) sowie 52 (*Beati pauperes spiritu etc.*) ineinander.

2 Vgl. Karl Rosenkranz, *Georg Wilhelm Friedrich Hegels Leben*, reprogr. Nachdr. der Ausg. Berlin 1844, Darmstadt 1977, S. 102.

1

Der Rahmen. – Geboren um 1260 und während des gegen ihn in Avignon laufenden Lehrbeanstandungsverfahrens vermutlich am 28. Januar 1328 gestorben hat Eckhart von Hochheim in einer Epoche des Übergangs gelebt, die von sich abzeichnenden Krisen politischer, ökonomischer wie soziokultureller Art geprägt war.[3] Die territoriale und kulturelle Expansion des 12. und 13. Jahrhunderts war an ihre Grenzen gestoßen. Das 14. Jahrhundert wird durch die große Hungersnot von 1315–17 eingeläutet, charakterisiert ist es von epidemischen Judenpogromen.[4] Nach innen erodierten soziale Spannungen die überkommenen gesellschaftlichen Strukturen; Kaiser wie Papst hatten den Status übergesellschaftlicher Legitimation und Bindekraft verloren.[5] Das christliche Europa gerät in eine Krise. Für seinen westlichen Teil wurde sie zum Beginn einer neuen, letztlich der ›modernen‹ Welt: Aus den Versatzstücken, die die Katastrophen des 14. Jahrhunderts erzeugten und hinterlie-

3 Zu Eckharts vermutlichem Todesdatum vgl. Walter Senner OP, »Meister Eckhart in Köln«, in: Jacobi 2017, S. 232 f. – Zur Biographie vgl. Ruh 1989; Sturlese 1994. – Zum geschichtlichen Kontext vgl. Jacques Le Goff, »Die Christenheit in der Krise« (1270–1330), in: *Das Hochmittelalter*, hrsg. und verf. von J. L. G., Frankfurt a. M. 1965, Nachdr. ebd. 1987, S. 277–279

4 Vgl. Léon Poliakov, *Geschichte des Antisemitismus*, Bd. 2, übers. von R. Pfisterer, Worms 1978, S. 1–74 (frz. Orig.-Ausg.: *Histoire de l'Antisémitisme*, Bd. 2, Paris 1961).

5 Dem Höhepunkt politischer Machtansprüche der Päpste in der Bulle *Unam sanctam* 1302 setzt 1324 Marsilius von Padua mit seinem *Defensor pacis* den energischen Widerspruch gegen jede Restitution (und Legitimation) theokratischer Ordnungen entgegen.

ßen, begannen sich die Ursprünge neuzeitlichen Bewusstseins zu bilden.[6]

Nicht nur realgeschichtlich war die Zeit der Synthesen vorbei. Das geistesgeschichtliche Klima war vielmehr geprägt von der Thesenverurteilung von 1277 oder etwa der Verbrennung von Maguerite Porète 1310.[7] Mit der erwähnten Bulle war Eckhart selbst betroffen: 17 seiner Sätze wurden als häretisch, 11 als häresieverdächtig (›übel klingend‹) verurteilt.[8] Die direkte Rezeption (›Zitierbarkeit‹) seines Werks hat das einschneidend behindert, umgekehrt vielleicht aber auch die Aura des ›Meisters‹ Eckhart befördert.

Eckhart war sich bewusst, in einer Periode des Übergangs zu leben. Seine Absicht, »Neues und Ungewohntes« vorzutragen, belegt, dass er an diesem Übergang mitwirken wollte, denn (wie es im *Buch der göttlichen Tröstung*

6 Grundlegende Bedeutung kommt hier dem Wissens- und Wissenschaftsbegriff zu, den Wilhelm von Ockham (→ »Zeitgenossen«, S. 111) formuliert hat. Bedeutsam ist aber auch z.B. die malerische Realisierung des Sinns für die Perspektive, die sich mit dem Namen von Giotto (→ »Zeitgenossen«, S. 111) verbindet. ›Perspektivisch‹ sehen zu lernen heißt zweierlei zu begreifen: zum einen, dass der jeweilige ›Standpunkt‹ und damit das Subjekt des Sehens nicht das monarchisch einzige, zum anderen, dass der jeweilige Gesichtspunkt bei dem, was gesehen wird, zu berücksichtigen ist.

7 Zur Verurteilung der 219 Thesen, die nicht nur den radikalen Aristotelikern galt, sondern auch manches Theorem von Thomas von Aquin streifte, vgl. *Aufklärung im Mittelalter? Die Verurteilung von 1277. Das Dokument des Bischofs von Paris*, eingel., übers., und erkl. von Kurt Flasch, Mainz 1989. Die Thesenverurteilung dokumentiert die soziokulturelle Atmosphäre, in der sich Eckhart während seiner Aufenthalte in Paris bewegte. Zu Marguerite Porète vgl. Ruh 1990–99, , Bd. 2, S. 340–371.

8 Zum Prozess gegen Eckhart vgl. Trusen 1988.

heißt): »Gäbe es nichts Neues, so würde nichts Altes.«[9] Nun kann sich Neues gerade auch aus der produktiven Anverwandlung von Gegebenem ergeben. Dies zeigt sich exemplarisch bei dem für Eckharts Werk (und Wirken) zentralen Theorem vom *Seelengrund*, dem sich der Titel dieser Auswahl verdankt: denn hier knüpft er – vorbereitet von Dietrich von Freiberg (→ »Zeitgenossen«, S. 111)[10] – insbesondere an Vorgaben bei Augustinus an.

Eckharts Werk dokumentiert – das bezeugt seine zweimalige Entsendung an die Pariser Universität – in einer Zeit des Umbruchs die Tätigkeit eines ›Lesemeisters‹.[11] Es ist

9 *»Enwære niht niuwes, sô enwürde niht altes«* (*Daz buoch der goetlîchen troestunge*, DW V, S. 61). Zum bewussten Bekenntnis, *nova et rara* vorzutragen, vgl. *Prologus generalis in Opus tripartitum* in: LWSA 1, S. 2.

10 Vgl. Dietrich von Freiberg, *Opera omnia*, Bd. 1: *Schriften zur Intellekttheorie*, mit einer Einl. von Kurt Flasch, hrsg. von Burkhard Mojsisch, Hamburg 1977; D. v. F., *Opera omnia*, Bd. 2: *Schriften zur Metaphysik und Theologie*, mit einer Einl. von Kurt Flasch, hrsg. von Ruedi Imbach, Maria Rita Pagnoni-Sturlese, Hartmut Steffan und Loris Sturlese, Hamburg 1980. Vgl. Burkhard Mojsisch, *Die Theorie des Intellekts bei Dietrich v. Freiberg*, Hamburg 1977.

11 Kurz nach Eckhart hat Johannes Tauler (~1300–1361) die lehrmäßig-›akademische‹ Bezeichnung ›Lesemeister‹ mit dem Komplementärbegriff ›Lebemeister‹ verspannt: Die *»grossen pfaffen und die lesmeister die tispitierent weder bekentnisse merre und edeler si oder die minne. Aber wir wellen nu al hie sagen von den lebmeistern«* (Johannes Tauler, *Predigten*, hrsg. von Ferdinand Vetter, Dublin/Zürich 1968, Predigt 45, S. 196). ›Lesemeister‹ stellt die Bezeichnung für einen »lehrer der theologie oder philosophie« dar (vgl. Art. »Lesemeister«, in: *Grimmsches Wörterbuch*, Nachdr. der Erstausgabe 19854 ff., München 1984, Bd. 12, S. 773). ›Lebe-

der Versuch, die religionsphilosophischen Grundlegungen, die insbesondere von Augustinus im europäischen Westen ausgehen, mit der Tradition zu verbinden, die im Osten über Dionysius Pseudo-Areopagita zu Proklos und damit tief in den Neuplatonismus zurückreicht.[12] Er gleicht darin Johannes Scottus Eriugena, seinem großen Vorgänger.[13] Im Versuch, das im engeren Sinne ›westliche‹ Denken mit dem soziokulturell wie bewusstseinsgeschichtlich präsenten ›östlichen‹ zusammenzubringen, spielt zudem die arabische Aristoteles-Rezeption eine bedeutende Rolle. Dem jüdischen Religionsphilosophen Moses Maimonides

meisterlich‹ hingegen ist der Anspruch, »ein meister in der führung des lebens« (vgl. Art. »lebmeister«, ebd., S. 469) zu sein. Im Hinblick auf die Herausbildung des Etiketts ›(rheinische) Mystik‹ ist dieser lebemeisterliche Anspruch fast schon redensartlich geworden. Bei Eckhart zeigt insbesondere die Predigt 86 (vgl. S. 79.), dass es ihm darauf ankam, ›lebemeisterliche‹ Praxis nicht in Gegensatz zu bringen zum Anspruch ›lesemeisterlicher‹ Rationalität.

12 Vgl. S. 101, Anm. zu 41,20 f. (Predigt 21).

13 Johannes Scottus Eriugena (810 [828?] – 877) ist vor und für Eckhart eine der entscheidenden Instanzen in der christlichen Adaptation neuplatonischer Denkmotive. Da Eriugenas Schriften 1225 verboten wurden, finden sich bei Eckhart keine wörtlichen, dafür inhaltliche Zitate: Vgl. S. 98, Anm. zu 9,22–24 (Predigt 9). Vgl. z. B. auch, dass sich am Anfang von Predigt 9 Eriugenas Theorem, dass »Gott in allem wird« und *deshalb* nicht aufhört, »über allem zu sein« (vgl. *Iohannis Scotti Eriugenae Periphyseon*, Buch III, 683 B: *»[deus] facit omnia et fit in omnibus [...] et dum in omnibus fit super omnia esse non desinit«*), übersetzt findet: »Gott ist in allen Kreaturen, [...] und er ist dennoch darüber. Dasselbe [...], was da in vielen Dingen eines ist, das muß notwendig über den Dingen sein« (Predigt 9, S. 7 f.).

schließlich folgt Eckhart programmatisch mit der Absicht der philosophischen Rekonstruktion der Bibel. Das monumental konzipierte *Opus tripartitum* sollte dies mit »natürlicher Begründung« leisten.[14] Freilich ist es Fragment geblieben. Mit dem Beginn des 14. Jahrhunderts war die Zeit der Synthesen vorbei.

2

Der Grund im Bewusstsein. – Dass Eckhart ›Lesemeister‹ war, schließt nun freilich den ›lebemeisterlichen‹ Anspruch insbesondere seiner deutschen Predigten, d.h. den Anspruch, über den Kreis wissenschaftlicher Gelehrsamkeit hinaus zu wirken, nicht aus.[15] Dieser rührt im Gegenteil ge-

14 »*[...] naturali ratione [...]*« (*Prologus generalis in Opus tripartitum*, n. 22, LW SA I, S. 14). Im Vorwort seines Kommentars zum Johannes-Evangelium hält Eckhart fest, dass es hier wie in allen seinen Werken seine Absicht sei, die Lehren des christlichen Glaubens und beider Testamente »mit Hilfe der natürlichen Gründe der Philosophen auszulegen« (»*exponere per rationes naturales philosophorum*«, *In Johannem*, n. 2, LW III, S. 4). – Zur Programmatik Eckharts vgl. Flasch 1974; Mojsisch 1983; Gouris 1997; Flasch 2010; Roesner 2017.

15 Dieser Anspruch zeigt sich schon daran, dass Eckhart sie in der Sprache des Alltags vor dem (wie es ihm in der Bulle *In Agro dominico* vorgeworfen wird) »einfachen Volk« gehalten hat. – Es gehört zur Signatur des beginnenden 14. Jahrhunderts, dass sich Eckhart wie sein Zeitgenosse Dante jeweils der ›Vulgärsprache‹ bedienten. In der Verwendung der Alltagssprache kommt – über den damit einhergehenden Anspruch hinaus, nicht nur für die ›Schule‹, sondern ›lebemeisterlich‹ zu wirken (vgl. Anm. 11) – ein

rade von den ›lesemeisterlichen‹ Einsichten nicht zuletzt über den ›Seelengrund‹ als ›Grund im Bewusstsein‹ her. Eine erhebliche Rolle spielt hier eine Entdeckung, die Augustinus im Rahmen seiner Antwort auf die Frage formuliert hat, inwiefern sich im Bild, als das der menschliche Geist zu denken ist, Spuren jener Trinität finden lassen, als deren Bild er sich begreift. Es ist ein ›Verborgenes‹, das *abditum mentis*, das der Geist in sich findet, sofern er auf sich als ein Tätigsein achtet, das im Vermögen der Erinnerung – der *memoria* als der ›Kraft des Lebens im sterblich lebenden Menschen‹ – gründet. Dass wir mehr in der Erinnerung haben, als uns aktual bewusst ist, führt auf den Grund der Erkennbarkeit des trinitarisch gedachten Gottes in der Seele oder in dem, was Geist heißt.[16]

Was zeigt sich als dieser ›Grund‹? Buch X der *Confessio-*

grundlegender Paradigmenwechsel zum Ausdruck, der der Entdeckung des Sinns für die Perspektive gleicht (vgl. Anm. 6).

16 »So werden wir darauf hingewiesen, daß für uns in dem Verborgenen des Geistes bestimmte Kenntnisse gewisser Dinge sind (*esse nobis in abdito mentis quarundam rerum quasdam notitias*) [...]. [...] Aus diesem Grund wollte ich hinsichtlich des Denkens ein Beispiel anführen, durch das gezeigt werden kann, wieso von dem, was in der Erinnerung enthalten ist (*memoria continentur*), die Sehkraft des sich Erinnernden geformt wird (*recordantis acies informetur*)« (*De trinitate* XIV 7,9 f., zit. nach: Aurelius Augustinus, *De trinitate. Studienausgabe*, lat./dt., neu übers. und mit einer Einl. hrsg. von Johann Kreuzer, Hamburg 2001, S. 200/203). Mit dem Hinweis auf das *abditum mentis* will Augustinus plausibel machen, was die *mens* (den Geist) zur *imago trinitatis* werden lässt (vgl. ebd., S. 200 f.). – Zur *memoria* als *»vis vitae in homine vivente mortaliter«* vgl. *Confessiones* X 17,26 sowie die Analysen des Vermögens der *memoria* in Buch X der *Confessiones* insgesamt (vgl. dazu Johann Kreuzer, *Pulchritudo. Vom Erkennen*

nes beginnt Augustinus mit der Rede vom »*abyssus humanae conscientiae*« (»dem Abgrund des menschlichen Gewissens/Bewusstseins«); in Buch XV von *De trinitate* spricht er von der »abgründigeren Tiefe der Erinnerung: der »*abstrusior profunditas memoriae*«. Zusammen mit der »*scintilla rationis*« (dem »Funken der Vernunft«) aus *De civitate dei* stehen mit ›Grund, Abgrund, Seelenfunken‹ usw. jene Metaphern bereit, auf die sich Eckhart bezieht und deren bewusstseinsmäßigen Gehalt er in der Analyse des Seelengrundes wie der Seelenkräfte und deren Vermögen konsequent ausformuliert.[17] Unter Berufung auf Augustinus' Satz, dass »Gott der Seele näher ist als sie sich selbst«,[18] hält er fest, dass dasselbe »Erkennen, in dem sich denn Gott selbst erkennt, [...] eines jeden losgelösten Geistes [Erkennen ist] und kein anderes. Die Seele empfängt ihr Sein [*wesen*] ohne Vermittelndes von Gott; darum [...] ist Gott im Grunde der Seele mit seiner ganzen Gottheit.«[19] Wie lässt sich dieses »*wesen*« der Seele erklären?

Eine Antwort auf diese Frage bietet z. B. Predigt 14 (*Surge*

Gottes bei Augustin, München 1995, S. 16–104). – Vgl. auch S. 100, Anm. zu 25,13 (Predigt 14).

17 Vgl. *Confessiones* X 2,2; *De trinitate* XV 21,40; *De civitate dei* 22,24: »*quaedam velut scintilla rationis in qua factus est homo ad imaginem Dei.*«

18 Der oft zitierte Satz »*Tu autem eras interior intimo meo et superior summo meo*« findet sich in *Confessiones* III 6,11.

19 Vgl. Predigt 10, S. 15, als Übersetzung von: »*Daz selbe bekantnisse, dâ sich got selben inne bekennet, daz ist eines ieglîchen abegescheidenen geistes bekantnisse und kein anderz. Diu sêle nimet ir wesen âne mittel von gote; dar umbe ist got der sêle næher dan si ir selber sî; dar umbe ist got in dem grunde der sêle mit aller sîner gotheit*« (DW I, S. 162).

illuminare): »*De myster inde de heylgen sprechent gemeynlichen, dat de sele haue dri creften, dar an sy gelich sy der dryueildicheit. De eirsten craft is gehochnysse, de ment eyne heymeliche, verborgen konst; de* n e n n e t *den vader. De ander craft heyscht inteligencia, dat is eyne intgegenwordicheit, eyn bekennen, eyne wysheit. Dey dirde crafte de heysset wylle, eyn vloit des heylgen geistes.*«[20] Eckhart repetiert mit *gehochnysse – inteligencia – wylle* den entscheidenden Ternar, mit dem Augustinus die Spur der göttlichen Trinität in den Tiefenschichten (im ›Abgrund‹) des Bewusstseins erklärt hat: den von *memoria – intellegentia – voluntas.*[21] In einem als Tauler-Predigt tradierten Eckhart-Kompilat heißt es, dass die Seele »*drie edele krefte*« habe, »*in den ist sú ein wor bilde der heilgen drivaltikeit, gehugnisse, verstentnisse und frige wille, und durch dise kreften so ist sú Gotz griffig und enpfenglich, daz sú alles des enpfenglich mag werden daz Got ist und hat und geben mag.*«[22] Wird die Kraft des Erinnerns nicht allein als reproduktives, sondern auch und gerade als produktives Vermögen erfasst – als ›Kraft des Lebens im sterblich lebenden Menschen‹ –, dann folgt und findet die Seele im Grund ihres Tätigseins, was als und wessen als Gott gedacht wird. Dazu heißt es in *Quasi stella matutina* (Predigt 9): »Eine weitere Kraft ist in der Seele, mit der sie gedenkt. Diese Kraft bildet in sich die Dinge ein, die nicht gegenwärtig sind […] –, und mit dieser Kraft wirkt die Seele im Nichtsein, und sie folgt hiermit Gott, der im Nichtsein

20 Vgl. Predigt 14, S. 25, und DW I, S. 230 f.
21 Vgl. *De trinitate* X 11,17–12,19; XV 3,5.
22 Johannes Tauler, Predigt 1, in: *Die Predigten Taulers* (vgl. Anm. 11), S. 9.

wirkt.«[23] Entscheidend ist die Feststellung, mit der Eckhart über das geläufige Verständnis, dem Erinnern sich im Repräsentieren nicht-gegenwärtiger Dinge erschöpft, hinausgeht. Die Kraft des Gedenkens wirkt auch und gerade *»in unwesene«*: dort, wo Sein oder Wesen bewirkt wird. Als Kraft des Gedenkens bildet Erinnern kein vorgegebenes ›Sein‹ ab, sondern erzeugt es. Nicht als Abbilden – welcher Objekte oder zu repräsentierender ›Seinsdaten‹ auch immer –, sondern als produktives Vermögen realisiert es sich im Seelengrund als jene Kraft, mit der »die Seele Gott folgt«. Sie folgt damit jener Instanz oder Dynamik, die als schöpferische Natur Gottes gedacht und erinnert wird – und so lange erinnerbar bleibt, solange kreatürlich unterschiedene Dinge in ihrer Endlichkeit vorübergehen und in der Seele mit ihrem kreativen Grund erinnert werden wollen, der sich in ihrem Erscheinen schöpferisch zeigt.

In dem Wissen (*Einsicht*) realisierenden *Wollen* zum *Erinnern* realisiert die Seele, wovon sie sich als »Bild« denkt. Das lässt sie zum Bild des trinitarisch zu denkenden Gottes werden. Was aber schließt es in sich, Bild zu sein und sich *als Bild* zu begreifen?

3

Bild-Sein. – In Gen 1,26 heißt es: »Lasst uns den Menschen machen als unser Bild und Gleichnis«. Damit sind ›wir‹ der

23 Vgl. Predigt 9, S. 11, als Übersetzung von: *»Ein ander kraft ist in der sêle, da mîte si gedenket. Disiu kraft bildet in sich diu dinc, diu niht gegenwertic ensint [...] – und mit dirre kraft würket diu sêle in unwesene und volget gote, der in unwesene würket«* (DW I, S. 151).

Teil des Kreatürlichen, der sich als Bild – und im Hinblick auf 1 Kor 13,12: als Spiegel – begreift. Auch der dies erkennende Intellekt ist ›nur‹ Bild. Doch dieses ›nur‹ grenzt nicht ein, sondern entgrenzt. Denn gelingt dieses Begreifen, dann ist, so Eckhart, »Gott in viel edlerer Weise in dem Bilde, als das Bild in Gott ist. Hier erfaßt das Bild Gott nicht, insofern er der Schöpfer ist, sondern es nimmt ihn an, insofern er ein vernünftiges Sein ist«. Und er fügt hinzu: »Nun vermag ich dem Bilde weiter nichts mehr zu geben; gäbe ich ihm aber etwas darüber hinaus, so müßte es Gott selbst sein, und dies trifft nicht zu, denn dann wäre Gott nicht Gott«[24] – und ein Bild nicht Bild. Gerade dies, dass der Intellekt ›nur‹ Bild ist und wir ›jetzt wie durch einen Spiegel sehen‹ (1 Kor 13,12), lässt ihn zum Bild jenes ›vernünftigen Seins‹ werden, das mit der Rede von Gott reflektiert wird. In der Spiegelung, als die der Intellekt zu begreifen ist, wenn er als Bild begriffen wird, ist wirklich, wovon er Bild ist. »Ein Bild bezieht sein Sein ohne Vermittelndes allein von dem, dessen Bild es ist, und hat ein Sein mit ihm und ist dasselbe Sein.«[25]

Dass das Bild, das sich als Bild begreift, realisiert, wovon es sich als Bild begreift, gilt nun insbesondere für das Erkennen als Tätigkeit und die Spiegelungsverhältnisse, die sich in ihm finden. *»Eyâ, nû merket mit vlîze und gehaltet diz wol; [...] bilde und bilde ist sô gar ein und mit einander, daz man keinen underscheit dâ verstân enmag. Man verstât wol das viur âne die hitze und die hitze âne daz viur. Man verstât*

24 Vgl. Predigt 16 B, S. 33.

25 Vgl. ebd., S. 34, als Übersetzung von: *»Bilde nimet aleine sîn wesen âne mittel an dem, des bilde ez ist, und hât éin wesen mit im und ist daz selbe wesen«* (DW I, S. 270).

wol die sunnen âne daz lieht und daz lieht âne die sunnen. Aber man enmac keinen underscheit verstân zwischen bilde und bilde. Ich spriche mê: [...] vergienge daz bilde, daz nâch gote gebildet ist, sô vergienge ouch daz bilde gotes.«[26] ›Verginge das Bild, das nach Gott gebildet ist, so verginge auch das Bild Gottes‹. Indem er sich *als* Bild erkennt, wird der Geist zum *lebendigen* Bild Gottes. Dabei geht es nach Eckhart um mehr, als dies allein zu erkennen. Es geht um Lebensführungsansprüche, die aus diesem Wissen folgen, das das ›Innerste‹ des christlichen Glaubens betrifft. Nicht zuletzt, dass er das in der ›Sprache des einfachen Volks‹ vorgetragen hat, hat Eckhart den Beinamen ›Meister‹ eingebracht.

4

›Meister Eckhart‹. – Der Beiname ›Meister‹ rührt zunächst daher, dass Eckhart die *licentia docendi* für den für Nichtfranzosen reservierten Lehrstuhl der Dominikaner in Paris erhalten hatte und dort für ein Jahr als *magister* (›Meister‹) *actu regens* lehrte (→ »Eckhart von Hochheim – Biographische Daten«, S. 107). Mit der Bezeichnung *›Meister Eckhart‹* verbindet sich aber natürlich mehr als nur dieser akademische Titel. Sie steht für die Wirkung, die Resonanz, die insbesondere seine Deutschen Predigten bis heute haben.

Sie sind Ausdruck des Versuchs, die ›lesemeisterlich‹-konzeptionell gewonnenen ›theoretischen‹ Einsichten in ihrer konkret-›praktischen‹ und buchstäblich seelsorgerli-

26 Predigt 69, S. 60 f., als Übersetzung von: DW III, S. 176–178.

chen Bedeutung (in ›lebemeisterlicher‹ Hinsicht) zu verdeutlichen. Bei der Frage etwa, was es heißt, sich als Bild zu begreifen – was Eckhart als einen lebensgeschichtlichen Prozess der »Einbildung, Überbildung, Entbildung« deutet, was zur Bildung des Wortes ›Bildung‹ führt[27] –, geht es um nichts Abstraktes oder Jenseitiges. Es geht um keine Gedankendinge oder (letztlich abergläubische) Gottesvorstellungen. Aus dem Begreifen z. B. der trinitarischen Natur Gottes sollen vielmehr Lebensvollzüge und Kriterien gelingenden Lebens folgen. Dementsprechend schließt Eckhart seine Predigten mit dem Hinweis genau darauf – so Predigt 69: das Bild der trinitarischen Natur Gottes, das wir sind, zu »begreifen [...], dazu verhelfe uns der Vater und der Sohn und der Heilige Geist«.[28]

Die Predigten, die Eckhart zum ›Meister‹ haben werden lassen, sind in erster Linie im Rahmen der Betreuung der Beginenkonvente in Straßburg und dann in Köln entstanden. Auf Grund dieses Redewerks der Predigten verbindet sich wirkungsgeschichtlich mit ›Meister Eckhart‹ das Etikett ›Mystik‹.

27 Art. »Bildung«, in: *Historisches Wörterbuch der Philosophie*, hrsg. von Joachim Ritter, Bd. 1, Basel/Darmstadt 1971, S. 921 f. – Der Gedanke der Entbildung folgt der Einsicht, dass dem, was Gott ohne Bilder in der Seele wirke, allein »Nichtwissen« und »Schweigen« – kein Reden über das Schweigen, sondern wirkliches Schweigen – entsprechen: vgl. die oft zitierte Predigt *Dum medium silentium tenerent omnia* (vgl. DW IV/1, Predigt 101). In ihr zitiert Eckhart auch die Referenzen der Denkfigur ›wissenden Nichtwissens‹ (einer *docta ignorantia*): Augustinus und Dionysius Pseudo-Areopagita.

28 Vgl. Predigt 69, S. 62.

Mystik? Da gibt es viele Missverständnisse. Worauf es Eckhart ankam – das zeigen die Predigten in diesem Band und dies stellt das Kriterium ihrer Auswahl dar –, ist die Verdeutlichung der Konsequenzen, die aus dem Begreifen der Natur des Geistes, die ihn zum Bild Gottes werden lässt, für die Seele in den Formen gelebter Kreatürlichkeit folgen. Mystik in diesem Sinn meint radikale Rationalität – eine Form des in seinen Grund (seine Wurzel: *radix*) gehenden Bewusstseins.[29] Robert Musil hat für diese Denkhaltung die schöne Formulierung »taghelle Mystik« gefunden und sie von Moden der »Schleudermystik zu billigstem Preis« unterschieden.[30] Nicht im Überschreiten des Vernunftvermögens vollzieht sich, was etwa als ›Gottesgeburt im Grunde der Seele‹ diskutiert wird, sondern als Gewärtigen jener *Einheit*, die als Einung mit Gott die Seele in ihrem Grund findet.

›Einheit‹ meint keine Überwindung des Verschiedenseins, das zwischen Gott, der als das Eine zu denken – und jenseits von allem[31] – ist, und uns als Teil des Kreatürlichen besteht. In Predigt 21, die mit *»Unus deus et pater omnium«* die Erkenntnis dessen, was dies ›Eine‹ ist, zu ihrem Thema

29 Sie steht für ein »fortschreitendes [...] Sich-Rechenschaft-Geben vom Absoluten, in dem der Mensch seit je aufgehoben ist, ob er es weiß oder nicht« (Burkhard Mojsisch, „»›Causa essentialis‹ bei Dietrich und Eckhart«, in: *Von Meister Dietrich zu Meister Eckhart*, hrsg. von Kurt Flasch, Hamburg 1984, S. 111).

30 Vgl. Robert Musil, *Der Mann ohne Eigenschaften. Schluss des dritten Teils und vierter Teil. Aus dem Nachlass*, hrsg. von Adolf Frisé, Reinbek 1978, S. 1087–95 (Kap. 46 »Mondstrahlen bei Tage«).

31 Vgl. S. 102, Anm. zu 49,15–19 (Predigt 28), und im Nachwort Anm. 13.

hat, formuliert Eckhart, dass dies Eine als Verneinung jener Verneinung aufzufassen ist, die es in Gegensatz zum (kreatürlich) Vielen bringt. »*Waz meinet ein? [...] Ein ist ein versagen des versagennes. Alle crêaturen hânt ein versagen an in selben; [...] Aber got hât ein versagen des versagennes.*«[32] Diese Feststellung betrifft das Innerste des christlichen Glaubens. Eckharts Predigten sind das Zeugnis seines Versuchs, das, was dabei nach ›Schule‹ klingt (das ›Eine‹ als ›Negation der Negation‹ ...), nicht in der Schule, im ›Geheimen‹ bleiben zu lassen. Denn: Wissen wäre nicht Wissen, wenn es nicht praktisch werden – d. h. sich in Lebensvollzüge umsetzen – wollte.

Was in dieser Hinsicht für alle seiner Predigten gilt, zeigt sich exemplarisch in der diese Auswahl abschließenden Predigt 86 *Intravit Iesus in quoddam castellum etc.*, der ›Maria-Martha-Predigt‹.

5

Die Predigt beginnt mit der Kritik jener Aufstiegs- und Vereinigungsmystiken, die die Bedingungen der Endlichkeit meinen überspringen zu müssen. Kritisiert wird die kontemplative ›Begierde‹, die in ›unaussprechlichem Verlangen‹ in der Überwindung oder der Vergessenheit von Zeit und Endlichkeit »Trost« sucht. Die Kritik bzw. der ›Argwohn‹ gilt Formen der Kontemplation, die die Trans-

32 Zum Begriff des ›Einen‹ (*unum*) als ›Verneinung der Verneinung‹ (*negatio negationis*) vgl. Predigt 21, S. 42, mit Anm. zu 42,8 f. (vgl. auch ebd., S. 43 f., sowie Predigt 10, S. 22).

zendenz der Erfahrung von Sinn von den Bedingungen materieller Existenz nicht nur ablösen, sondern zu deren Gegensatz machen. Am Begehren, in den Augenblicken des Glücks der Kontemplation verweilen zu wollen, ist nichts Falsches. Nur gilt es zugleich zu erinnern, dass auch diese Augenblicke sinnerfüllten Transzendierens endlich sind. Weil sie vorübergehen, sind sie nicht der Gegensatz gelebter Endlichkeit, sondern als deren integrales Moment zu begreifen. Eben das typisiert Eckhart an Martha. Die Erinnerung sinnerfüllter Transzendenz ist Teil ihrer Lebensgeschichte geworden. Erinnerung bedeutet ihr beides: Alltagsstruktur der Sorge und das Erinnern, diese transzendiert zu haben. Der Erfahrungsanspruch ›ewiger Seligkeit‹ steht der Endlichkeit ›zeitlicher Werke‹ nicht entgegen. ›Das Leben gibt sich selbst zu erkennen ohne Gott‹. Das ist der Grund der »Sorge«, die Martha »bei den Dingen« stehen lässt.[33] *Bei*, nicht *in* den Dingen. *Bei den Dingen* heißt: *in der Zeit*. Das Glück jener erfüllten Augenblicke, in denen die Unumkehrbarkeit von Zeit aufgehoben erscheint – der ›beste Teil‹, der Maria niemals mehr genommen werden kann[34] –, ist der Bedingung unserer Endlichkeit nicht entgegengesetzt: »›Des Einen ist not!‹, nicht zwei.«[35] Das Glück erinnerter Ewigkeit schließt Zeit als Form und Bedingung der Endlichkeit wesenhaft ein. Soll die ›Einheit‹ der gedachten Ewigkeit nicht der ›Vielfalt‹ des Zeitlichen entgegensetzt werden, gilt es, die Transzendenz empfundener Ewigkeit mit der Zeitbedingung individueller Exis-

33 Vgl. Predigt 86, S. 84, 87.
34 Vgl. ebd., S. 81.
35 Vgl. ebd.

tenz zusammenzubringen. Das ist das Verhaltensmuster, das Eckhart an Martha typologisiert, »als ob sie sagen wollte: [...] heiße sie aufstehen und von dir weggehen!« – aufstehen aus dem Trost zeitentrückten Fühlens in die Sorge ›lebensgemäßer Wahrheit‹.[36]

›Bei-der-Sorge-Stehen‹: das Wirken in der Zeit ist gleich edel irgendwelchem Sich-in-Gott-Versenken.[37] Es ist nicht (wie das ›In-der-Sorge-Stehen‹) die Verdoppelung der Not unerlöster Endlichkeit. ›Bei der Sorge zu stehen‹ realisiert ein Transzendieren in sie: ein Transzendieren jener Vorstellungen, die im Rausch visionären Fühlens oder der »Geistessüße« ekstatischer Entrückung einen Gegensatz zwischen der Transzendenz des göttlich Einen und der Sphäre gelebter Endlichkeit erzeugen.[38] Solche Vorstellungen müssen ›weg‹: ›des Einen ist not, nicht zwei‹.

36 Vgl. ebd., S. 81. – Mit seiner Deutung von Lk 10,38–42 geht Eckhart über die (künstliche) Entgegensetzung zwischen ›eschatologischer Transzendenz und irdischer Immanenz‹ hinaus: vgl. Dietmar Mieth, *Im Wirken schauen. Die Einheit von vita activa und vita contemplativa bei Meister Eckhart und Johannes Tauler*, Darmstadt 2018. Vgl. auch Niklas Largier, *Zeit, Zeitlichkeit, Ewigkeit. Ein Aufriß des Zeitproblems bei Dietrich von Freiberg und Meister Eckhart*, Bern [u. a.] 1989.

37 »[...] mit der Sorge, nicht in der Sorge [...], und dabei ist das zeitliche Werk ebenso edel wie irgendein Sich-Hineinfügen in Gott« (S. 86). – Vgl. auch Ernst Bloch, *Atheismus im Christentum. Zur Religion des Exodus und des Reichs*, Frankfurt a. M. 1968, S. 92–95, 285–287–289, 332 f.

38 »Einer der mystischen Impulse, die in Dialektik sich säkularisierten, war die Relevanz des Innerweltlichen, Geschichtlichen für das, was die traditionelle Metaphysik als Transzendenz abhob« (Theodor W. Adorno, *Negative Dialektik*, Frankfurt a. M. 1970, S. 352).

Aus diesem Grund vollzieht Eckhart am Schluss der ›Maria-Martha-Predigt‹ einen überraschenden Wechsel, wenn er sagt, dass Maria »nicht Maria [hieß], als sie zu Füßen Christi saß«. Erst als sie »zu leben« gelernt und »den Heiligen Geist empfangen hatte«, war sie die wirkliche, d. h. wirkende Maria.[39] Ist begriffen, was Geist als jene Einheit bedeutet, die auf der Einung mit Gott in der Seele gründet, wird möglich, was Nachfolge Christi als Übung ›wahrer Tugend‹ und als Lebensführungsanspruch heißt.

6

Die in diesem Band ausgewählten Predigten Eckharts geben Einblick in das, was es hier vom Seelengrund her für die lebe- wie lesemeisterliche Vernunft zu begreifen gilt.

39 Vgl. Predigt 86, S. 90.

Inhalt

Predigten

Anhang